Be filled with God's Wisdom

하나님의 지혜로 충만하라

강진웅 지음

생명의말씀사

하나님의 지혜로 충만하라

ⓒ 생명의말씀사 2013

2013년 6월 10일 1판 1쇄 발행

펴낸이 | 김창영
펴낸곳 | 생명의말씀사

등록 | 1962. 1. 10. No.300-1962-1
주소 | 서울 종로구 송월동 32-43(110-101)
전화 | 02)738-6555(본사) · 02)3159-7979(영업)
팩스 | 02)739-3824(본사) · 080-022-8585(영업)

지은이 | 강진웅

기획편집 | 유선영, 장주연
디자인 | 이경희
인쇄 | 영진문원
제본 | 정문바인텍

ISBN 978-89-04-16423-3 (03230)

저작권자의 허락없이 이 책의 일부 또는 전체를
무단 복제, 전재, 발췌하면 저작권법에 의해 처벌을 받습니다.

하나님의 지혜로 충만하라

Be filled with God's Wisdom

서문

저는 이민교회 목사입니다. 1997년 패서디나에 있는 풀러신학교에 와서 선교학을 공부하고, 이민교회에서 목회 사명을 감당하고 있습니다. 미국은 대놓고 선교지라고 할 수 없어도, 이민사회는 선교현장입니다. 선교사의 마음으로 다가가면 힘들다, 힘들다 하는 이민사회 속에도 교회가 세워지고 하나님의 나라가 확장된다고 믿습니다.

저는 서강대학교에서 컴퓨터를 공부했습니다. 대학원에서 네트워크와 오퍼레이팅 시스템을 공부했습니다. 그때 인터넷이 세상에 등장하기 시작했습니다. 그러던 어느 날 하나님은 선교한국 대회 속에서 전임사역의 부르심을 주셨고, 장로회신학대학대학원에 진학했습니다. 목회학 석사(M.Div)를 마치고 '선교지에 갈 것인가, 공부를 더 할 것인가?'를 놓고 기도하다가 풀러신학교에서 공부할 수 있는 기회를 주셨습니다. 그렇게 선교학 석사(Th.M. in Missiology)를 마치고, 선교학 박사과정과 목회학 박사과정을 수학했습니다.

한국에서는 모교회인 신촌장로교회에서 청년사역의 훈련을 받았고, 서강대학에서 IVF 사역에도 동참했습니다. 미국에 와서 청년사역의 풍성한 밑거름과 든든한 토대가 되었다고 봅니다. 나성영락교회에서 1999년부터 2006년까지 청년사역을 담당했습니다. 2006년부터 2010년까지 헤브론교회 담임목사, 2010년부터 2012년까지 라브레아 커뮤니티교회를 개척하고 담임목회를 했고, 2012년 갈보리믿음교회와 교회를 통합해 담임목사로 섬기고 있습니다. 분열과 다툼이 흔한 이민교계 속에서 두 교회가 통합하여 아름답게 하나가 되고, 성숙하고 부흥하는 모델이 되는 것이 갈보리믿음교회의 사명 중 하나라고 믿습니다.

2013년을 맞이하면서 하나님의 지혜가 어느 때보다 절실히 필요한 것을 느끼면서, 특별새벽기도회의 말씀을 나누었습니다. 본래 우리 교회 성도들과 함께 나누려고 책을 만들 생각을 했으나, 이렇게 정식 출판까지 진행할 용기는 애초에 없었습니다. 이 책을 읽으시는 동안 하나님의 지혜가 절실히 필요한 분들에게 하나님의 음성이 조용히 들려오기를 기도하겠습니다.

Be filled with God's Wisdom

프 롤 로 그

해마다 연말이면 새해의 말씀을 준비합니다. 기쁨과 슬픔이 교차하며, 승리와 좌절이 뒤범벅된 묵은해를 넘기고 새로운 소망의 새해를 맞이하면서 '어떤 하나님의 말씀이 꼭 필요할까?' 하고 잠잠히 묵상할 때 하나님이 '지혜'라는 단어를 떠올리게 해주셨습니다.

인간의 지혜로 충분히 행복하지 못했고, 인간의 능력을 다 쏟아부어도 쉽사리 극복할 수 없었던 경제적 위기, 정치적 혼돈, 이민생활의 고민거리들을 하나님의 지혜로 충만하면 훨씬 더 수월하게 감당하며 살 수 있지 않을까 하고 기대합니다.

송구영신예배와 신년 특별새벽기도회 기간 동안의 설교를 '하나님의 지혜'라는 주제에 맞추어 마음과 정성을 쏟아 준비하고 나니 책으로 만들어 성도들과 나누고 싶은 욕심이 생겼습니다. 한 번 설교하고, 한 번 듣고 그냥 지나치기에 우리 삶의 현장은 그리 만만치 않습니다.

일천번제를 드렸던 솔로몬의 정성과 갈망으로, 하나님의 지혜가 아니고는 스스로의 삶을 지탱할 수 없다는 간절한 마음으로 19일 동안 해온 지혜 탐구를 좀 더 길게 간직하고 싶은 저의 열망을 이해해 주신다면 매우 고맙겠습니다.

하나님의 지혜로 충만하십시오. 오늘뿐 아니라, 올해뿐 아니라, 우리의 남은 생애 끝까지 하나님의 지혜로 충만할 수 있기를 기원하면서 이 책을 갈보리민음교회의 모든 성도들과 거칠고 험한 이민생활을 헤쳐 나가고 있는 그리스도인들에게 드리고 싶습니다.

출판을 허락해 주신 당회와 갈보리민음교회에 감사드립니다. 저에게 기도를 가르쳐주시고 지금도 변함없이 기도하시는 한국에 계신 부모님께 감사드리며, 저의 기도 동역자요 삶의 동반자인 아내와 딸 재원, 아들 세민에게도 고마운 마음을 전합니다. 끝으로 수고해 주신 생명의말씀사 편집부에 진심으로 감사드립니다. 모든 영광을 참된 지혜의 근원이 되시는 아버지 하나님께 올려드리기 원합니다.

Contents

서문 · 4
프롤로그 · 6

1. 하나님의 지혜로 충만하라　　　　　13
2. 시간 관리의 지혜　　　　　　　　　25
3. 우선순위의 지혜　　　　　　　　　33
4. 자기 관리의 지혜　　　　　　　　　43
5. 변화를 추구하는 지혜　　　　　　　53
6. 위기를 극복하는 지혜　　　　　　　67
7. 거룩한 대안을 제시하는 지혜　　　　81
8. 우상을 물리치는 지혜　　　　　　　89
9. 영적 건강을 유지하는 지혜　　　　　101
10. 공동체를 든든히 세우는 지혜　　　111

11. 풍성한 은혜를 누리는 지혜　　　　　121

12. 재물을 관리하는 지혜　　　　　135

13. 인간관계를 풍성하게 하는 지혜　　　　　145

14. 가정을 행복하게 하는 지혜　　　　　153

15. 자녀를 양육하는 지혜　　　　　163

에필로그 · 174

Be filled with God's Wisdom

"아버지가 내게 가르쳐 이르기를 내 말을 네 마음에 두라 내 명령을 지키라 그리하면 살리라 지혜를 얻으며 명철을 얻으라 내 입의 말을 잊지 말며 어기지 말라 지혜를 버리지 말라 그가 너를 보호하리라 그를 사랑하라 그가 너를 지키리라 지혜가 제일이니 지혜를 얻으라 네가 얻은 모든 것을 가지고 명철을 얻을지니라 그를 높이라 그리하면 그가 너를 높이 들리라 만일 그를 품으면 그가 너를 영화롭게 하리라 그가 아름다운 관을 네 머리에 두겠고 영화로운 면류관을 네게 주리라 하셨느니라"(잠 4:4-9).

하나님의 지혜로 충만하라

Be filled with God's Wisdom

1. 하나님의 지혜로 충만하라
Be filled with God's Wisdom

"지혜를 버리지 말라 그가 너를 보호하리라 그를 사랑하라 그가 너를 지키리라 지혜가 제일이니 지혜를 얻으라 네가 얻은 모든 것을 가지고 명철을 얻을지니라 그를 높이라 그리하면 그가 너를 높이 들리라 만일 그를 품으면 그가 너를 영화롭게 하리라"(잠 4:6-8).

1년 365일 중에서 귀하지 않은 날과 시간이 없지만, 새해가 시작되는 시점에 하나님이 어떤 말씀을 주실지 오랫동안 고민하면서, 좋은 말씀을 주시도록 기도했습니다.

그리고 제 마음속에 떠오른 단어는 '지혜'였습니다. '새해를 맞이하는 우리에게 꼭 필요한 것은 하나님의 지혜로구나!' 그래서 "하나님의 지혜로 충만하라"라는 주제로 말씀을 나누기 원합니다.

잠언서는 솔로몬 왕이 모아놓은 지혜의 말씀들입니다. 본문인 잠언

4장을 보면, 지혜를 소중하게 여기라고 거듭 강조하고 있습니다.

> "지혜를 버리지 말라 그가 너를 보호하리라 그를 사랑하라 그가 너를 지키리라 지혜가 제일이니 지혜를 얻으라 네가 얻은 모든 것을 가지고 명철을 얻을지니라 그를 높이라 그리하면 그가 너를 높이 들리라 만일 그를 품으면 그가 너를 영화롭게 하리라"(잠 4:6-8).

지혜의 왕 솔로몬은 6절에서 '지혜를 버리지 말고 지혜를 사랑하라' 하였고, 7절에서는 '지혜가 제일이다. 모든 수단을 동원하여 지혜와 명철을 얻도록 하라' 하고 권하고 있습니다. 또한 8절을 보면 '지혜를 높이면 지혜가 우리를 높여주고, 지혜를 품으면 그 지혜가 우리를 영광스럽게 할 것이다' 라고 말했습니다.

지혜가 무엇이기에 솔로몬은 이토록 지혜에 집착했을까요? 다윗의 아들 중에서 가장 어리고 연약했던 솔로몬이 왕권을 물려받았던 상황을 생각해 볼 필요가 있습니다.

솔로몬이 왕위를 이어받은 때는 매우 위험한 시대였습니다. 아버지 다윗 왕이 강력한 왕권을 가지고 있었으나 항상 안심할 수 없는 위기가 많이 있었습니다.

블레셋의 골리앗 장군을 쓰러뜨렸고, 백성들의 사랑을 받았지만 사울 왕의 질투와 미움으로 고통도 함께 받았습니다. 결국 하나님이 세우신 다윗은 왕권을 얻게 되었지만, 사울 왕을 배출한 베냐민 지파는 끝까지 다윗을 왕으로 인정하고 싶어 하지 않았습니다.

미국에서도 공화당과 민주당으로 나누어진 모습을 보게 됩니다. 세상의 왕들은 결코 100% 국민의 사랑과 존경을 받기 어렵습니다. 한국에서도 새로 선출된 대통령을 절반 가까운 국민이 지지하고, 절반 가까운 국민이 환영하지 않았습니다.

왕이나 대통령이 무조건 행복할 것이라는 환상을 버려야 합니다. 하나님은 다윗을 사랑하시고, 사울 왕의 집안을 미워하셨습니다. 하지만 사울 왕의 아들 요나단과의 우정을 통해서 위로하시는 하나님이 역사하셨던 것을 우리는 기억합니다.

이렇게 힘들게 왕권을 잡은 다윗은 말년에 아들 압살롬의 반란으로 고통을 당했습니다. 다른 사람도 아니고, 원수도 아니고, 자기 아들이 아버지를 왕위에서 끌어내리려고 반란을 일으킬 줄 누가 알았겠습니까?

압살롬의 반란에서도 우리는 인간의 지혜가 하나님의 지혜보다 못하다는 것을 분명히 볼 수 있습니다. 젊은 왕자 압살롬의 편을 들어서 아히도벨이라는 똑똑한 장군이 모든 반란 작전을 세워두었는데, 압살롬은 우쭐한 마음에 후새라는 사람의 방해 작전에 속아 넘어갔습니다. 결국 반란은 실패로 끝나고 말았습니다. 다윗을 불쌍히 여기시고 살려주시는 하나님의 은혜가 지혜의 역사로 나타난 것입니다.

이렇게 위태롭게 왕권이 유지되는 것을 듣고, 보고 자라난 솔로몬에게 가장 소중한 것이 무엇이었겠습니까?

아버지 다윗 왕의 후계자 선택도 중요하고, 그를 지지하고 후원하는 군인들, 정치인들의 도움도 중요하지만 결국 솔로몬이 선택한 것은 무엇이었을까요? 그것은 곧 하나님의 지혜로 충만해야겠다는 것이었습니다. 왕위에 올라간 후에 솔로몬은 간절한 마음으로 기도했습니다. 다른 어떤 것이 아니라 하나님의 지혜를 달라고 기도했습니다.

솔로몬이 일천번제를 드린 것을 우리는 기억합니다. 어떤 사람은 이것을 일천 번의 번제(a thousand times of offering)로 해석합니다. 어떤 사람은 일천 마리의 번제물(thousand cows of offering)로 해석합니다. 어느 것이 되었든 솔로몬은 하나님 앞에 자기가 할 수 있는 최선을 다해 예배하고, 엎드려 기도하면서 자기에게 꼭 필요한 것을 달라고 부탁드렸습니다. 그것은 바로 지혜였고, 하나님이 매우 기뻐하셨습니다.

우리도 일천번제가 아니고, 일천 마리의 번제물이 아니더라도 하나님 앞에서 두렵고 떨리는 마음으로 지혜를 구해야 합니다. 하나님이 솔로몬에게 주셨던 지혜의 복을 우리에게도 주실 줄 믿습니다.

잠언 4장 말씀처럼 지혜를 소중하게 간직하고, 온 힘을 다하여 하나님의 지혜를 얻기 위해 힘쓸 때에 지혜가 솔로몬 왕을 지켜주었습니다.

솔로몬은 나이도 젊고, 경험도 부족하고, 전쟁을 통해서 세운 공도 없었습니다. 왕권을 위협하는 많은 사람들 속에서 그가 보호받을 수 있었던 것은 오직 하나님의 지혜 때문이었습니다. 이를 생각하면 오늘 우리에게도 왜 하나님의 지혜가 필요한지 잘 알 수 있습니다.

하나님은 우리에게 해마다 365일이나 되는 많은 날들과 시간을 주셨습니다. 보람 있게 사용한 시간도 있지만 '내가 좀 더 지혜가 있었다면 결코 그렇게 살지 않았을 텐데' 하고 아쉬운 일들이 있으시지요?

학생들은 '좀 더 열심히 공부하고, 시험을 잘 봤더라면' 하고 아쉬워합니다. 사업을 하시는 분들은 중요한 결정과 사업 전략에 지혜가 부족했기에 더 높은 성과를 올릴 수 없었음을 아쉬워합니다. '좀 더 건강에 신경을 쓰고 몸을 관리할 것을' 하고 후회하는 분들도 있습니다. 무엇보다도 사람에 대하여, 즉 가족이나 친구나 성도들에게 '좀 더 친절하고 부드러운 말과 행동으로 사랑을 보여주었더라면 이렇게 상처를 주고받으며 지내지는 않을 것을' 하는 아쉬움이 있지 않으십니까?

그래서 우리 모두는 지혜가 필요합니다. 하나님의 지혜가 필요합니다. 한 해를 시작하면서 더 이상 아쉽고 후회하면서 안타까워할 일이 없게 하려면 하나님의 지혜가 필요합니다.

공부하시는 분들은 하나님의 지혜를 의지하시기 바랍니다. 많은 철학자, 과학자, 경제와 문화와 예술을 추구하는 사람들이 하나님의 지혜를 의지할 때 아름다운 성과를 만들어냈습니다. 우리 갈보리믿음교회의 학생들과 청년들과 학문과 창조를 추구하는 분들이 하나님의 지혜를 의지하시게 되기를 부탁합니다.

사업을 하시는 분들도 많습니다. 직장에서 일하시는 분들도 솔로몬과 같이 하나님의 지혜를 의지할 때 경쟁자가 많고, 나의 존재와 역할을 위협하는 사람들이 아무리 강하고 많아도 솔로몬을 보호해 주심과 같이 하나님의 지혜로 보호를 받으시게 되기를 축원합니다.

인간관계도 마찬가지입니다. 하나님의 지혜로 말미암아 우리의 가정과 인간관계와 성도들 가운데 아픔이나 상처, 오해와 미움이 녹아지고, 진심으로 사랑을 나누는 역사가 일어나게 되기를 기도합니다.

이 세상에는 똑똑한 사람들, 지식을 가진 사람들이 많습니다. 지금 우리는 가장 많은 지식을 가장 빠르게 공유하고 습득합니다. 컴퓨터 덕분이고, 인터넷과 스마트폰까지 등장하면서 이제는 모든 사람들의 손안에 전 세계의 지식과 정보가 다 들어와 있다고 말해도 좋습니다.

학생들은 교수님 말씀을 들으면서, 유명한 분의 강의를 들으면서 스마트폰으로 맞는지, 틀린지를 확인합니다. 비즈니스를 할 때도 가격 비교와 품질 분석이 즉석에서 이루어집니다. 적당히 고객을 속여서 쉽게 이익을 얻는 것이 불가능해진 시대입니다.

식당도 미리 인터넷으로 검색해서 찾아가고, 먹고 나서 즉시 음식 맛에 대한 평가를 인터넷에 올립니다. '왜 우리 가게는 손님이 오지 않고, 다른 가게에는 손님이 몰려가는 걸까?'를 잘 생각해 볼 필요가 있습니다.

환자들도 의사의 말을 무조건 듣는 것이 아니라 인터넷을 통해서, 스마트폰을 통해서, 많은 지식을 가지고서 이것저것 따져 묻고, 나름대로 판단하는 등 전문가의 영역에 도전하는 시대가 되었습니다.

이렇게 지식과 정보의 홍수 속에 살고 있다고 해서 사람들이 과연 더 지혜롭고, 자기가 내리는 판단과 결정에 만족하며, 행복한 삶을 살고 있다고 말할 수 있습니까? "스마트폰을 잘 사용하는 사람보다 전혀 사용하지 않는 사람이 더 스마트할 수도 있다"는 말이 있지 않습니까?

솔로몬이 그렇게 지혜를 추구하고, 지혜서를 모아서 잠언을 편집했으나 인생 말년에 지혜의 능력을 충분히 발휘하지 못했던 것을 우리는 기억합니다. 결국 지혜란 많은 양의 정보를 의미하지 않습니다. 지식을 높이 쌓아두면 더 좋은 결정을 하고, 더 행복한 길로 갈 수 있다는 것도 환상일 수 있습니다.

하나님이 주시는 지혜는 올바른 결정과 판단력이 중요합니다. 다윗을 압살롬의 반란의 위기에서 건진 것은 반역한 아들의 잘못된 판단력의 반전이었습니다. 솔로몬이 부유함이나 장수를 선택하지 않고, 지혜를 선택한 그 결정에 대하여 하나님은 칭찬하셨습니다.

오늘 우리에게 필요한 지혜, 우리가 구하는 지혜는 인터넷이나 스마트폰으로 빠르고 많은 지식을 찾는 것과 같지 않습니다. 오직 하나님 편에 서서 "하나님이 옳다고 하시는 일을 결정하게 하여 주시옵소서" 하고 기도해야 할 것입니다.

시편 1편에서 복 있는 사람은 악인의 꾀, 죄인의 길, 오만한 자리에 앉지 않는 지혜로운 결정 때문에 보호를 받게 된 것이고, 안전하고 행복한 길로 가게 된 것이 아니겠습니까?

> "복 있는 사람은 악인들의 꾀를 따르지 아니하며 죄인들의 길에 서지 아니하며 오만한 자들의 자리에 앉지 아니하고 오직 여호와의 율법을 즐거워하여 그의 율법을 주야로 묵상하는도다"(시 1:1-2).

지혜는 다른 데 있지 않습니다. 하나님을 경외하는 것이 지혜입니다. 살아 계시는 하나님을 두려워하고 존경하기 때문에 작은 결정에도, 작은 말 한 마디에도, 사람을 대하는 태도와 내가 만들어내는 물건과 음식과 서비스에도 하나님의 지혜를 사용하는 사람의 삶은 분명히 달라지게 될 줄로 믿습니다.

 이 모든 것들 위에 한 가지 더, 바로 예수 그리스도를 아는 지식으로 무장하시기를 부탁합니다.

 신약 시대에 사도 바울은 세상의 학문에 있어서 많은 훈련을 받은 사람이었습니다. 로마 제국의 영토에서 태어나서, 나면서부터 로마 시민권을 가지고 있었습니다. 당시에 문화적인 영향력은 헬라 문화였기 때문에 그는 적어도 세 가지 이상의 언어의 훈련을 받았습니다.

 부모의 혈통을 따라서 유대인의 언어를 배우고, 율법과 신앙의 훈련을 받았습니다. 로마 제국의 정치적인 구조와 법제도를 배웠습니다. 그리고 헬라 문화와 풍부한 예술적 유산에 대해서도 공부를 많이 했습니다. 따라서 나중에 바울이 선교사가 되어 헬라 문화권 곳곳을 다닐 때 이를 복음 전도의 재료로 삼은 것을 볼 수 있습니다.

 이렇게 세상의 지식과 많은 공부로 훈련을 받았지만 그의 신앙은 어떤 지식과 경험과 세상의 지혜를 초월하는 것이었습니다. 이로 인해 그는 로마 총독 베스도로부터 "네 많은 학문이 너를 미치게 한다"라는 소리를 듣기도 했습니다.

 "바울이 이같이 변명하매 베스도가 크게 소리 내어 이르되 바울아 네가 미쳤도다 네 많은 학문이 너를 미치게 한다 하니 바울이 이르되 베스도 각하여 내가 미친 것이 아니요 참되고 온전한 말을 하나이다" (행 26:24-25).

그러나 사도 바울은 많은 지식 때문에 미치게 된 것이 아니고, 오히려 세상의 지식과 학문을 배설물과 같이 다 버리고, 오직 예수 그리스도를 아는 고상한 지식으로 새롭게 무장했을 뿐입니다.

단순히 복음의 능력이 그의 세상 지식을 무용지물로 만든 것이 아니라, 그동안 세상 속에서 얻은 지식을 새로운 목적과 사명을 위하여 사용하는 지혜를 얻게 된 것이라고 볼 수 있습니다.

"또한 모든 것을 해로 여김은 내 주 그리스도 예수를 아는 지식이 가장 고상하기 때문이라 내가 그를 위하여 모든 것을 잃어버리고 배설물로 여김은 그리스도를 얻고 그 안에서 발견되려 함이니 내가 가진 의는 율법에서 난 것이 아니요 오직 그리스도를 믿음으로 말미암은 것이니 곧 믿음으로 하나님께로부터 난 의라"(빌 3:8-9).

이 세상에서 많은 지식과 정보를 가지고 있고, 똑똑하고 지혜롭다고 해도 예수 그리스도 안에 존재하지 못한다면 다 헛되고 쓰레기 같은 지식일 수밖에 없습니다.

지난 한 해 우리는 뉴스와 신문에서 권력자들의 부패와 타락과 실패에 관한 이야기를 많이 듣고 보았습니다. 검사, 변호사 등 법을 집행하는 사람들이 불법을 행할 때 실망하고 비판했습니다. 한국에서 가장 똑똑한 사람들이고, 공부 잘하고 시험을 잘 본 사람들인데 아무 소용없습니다. 의사와 과학자와 경제학자들도 가진 지식을 선하고 의롭게 사용하지 못하고, 부패하고 타락하면 결국 멸망의 길로 갑니다.

신앙인들도 마찬가지입니다. 교회의 지도자, 목회자, 신앙생활 잘하던 사람들도 우리가 가진 신앙의 지식이 우리를 구원하는 것이 아니고, 영화롭게 하는 것도 결코 아니라는 사실을 알아야 합니다.

사도 바울과 같이 오직 그리스도를 아는 지식을 소유하고, 자신의 존재를 그리스도 안에서 발견하게 되기를 원합니다. 이런 지혜가 있을 때 세상에서 얻은 지식과 경험과 능력이 헛된 것이 되지 않고, 하나님의 영광을 나타내는 쓸모 있는 지식과 능력으로 사용될 것을 믿습니다.

솔로몬과 같은 간절함으로 지혜를 추구합시다. 세상의 지식도 필요하지만, 사도 바울과 같이 예수님을 더 알기 원하고, 그분 안에서 살아가기를 힘씁시다. 하나님이 주시는 지혜에서 벗어나지 않도록 악인의 꾀, 죄인의 길, 오만한 자리를 포기할 때 한 해가 후회 없는, 기쁨과 감사의 시간으로 채워질 것을 믿습니다.

Be filled with God's Wisdom

2. 시간 관리의 지혜

Wisdom of Time Management

"우리의 연수가 칠십이요 강건하면 팔십이라도 그 연수의 자랑은 수고와 슬픔뿐이요 신속히 가니 우리가 날아가나이다 누가 주의 노여움의 능력을 알며 누가 주의 진노의 두려움을 알리이까 우리에게 우리 날 계수함을 가르치사 지혜로운 마음을 얻게 하소서"(시 90:10-12).

우리는 앞 장에서 하나님의 지혜가 왜 필요한지에 대해 살펴봤습니다. 이제 하나님의 지혜에 대해 하나씩 소개하겠습니다. 함께 깨닫고 배워서 모두가 하나님의 지혜로 충만한 삶을 사시기를 원합니다.

하나님의 지혜 가운데 우리가 알아야 할 첫 번째는 시간 관리의 지혜입니다. 150편의 시편 중에서 유일하게 90편만이 "하나님의 사람 모세의 기도"라고 기록되어 있습니다. 모세는 과연 시간 관리의 달인이었을까요? 시간을 지배하는 사람이었을까요?

모세는 인생의 3분의 2에 해당하는 80년을 덧없이 보냈습니다. 처음 40년 동안 이집트 왕궁에서의 생활은 뜬구름 같았고, 그 후로 40년간 광야의 목자로 있으면서 더욱 한심하게도 인생의 황금기를 허비한 것처럼 보입니다.

그렇기 때문에 모세는 시편 90편에서 인생은 길지 않다는 것을 인정하면서, 10절 하반절에서 "그 연수의 자랑은 수고와 슬픔뿐이요 신속히 가니 우리가 날아가나이다"라고 고백했습니다. 모세는 인생이 80세를 지난 후 누구보다 조급한 마음으로 시간 관리의 중요성을 깨달았을 것입니다.

젊은이들이나 어린아이들은 왜 빨리 시간이 지나가지 않느냐며 답답해합니다. 빨리 어른이 되고 싶고, 빨리 운전하고 싶고, 빨리 부모의 그늘에서 벗어나 독립하고 싶어 합니다.

하지만 정작 나이가 많은 분들은 시간의 흐름이 정반대로 느껴집니다. '빨라도 너무 빠르게 시간이 흘러가는구나. 내 인생이 그렇게 길지는 않은데, 어떻게 해야 남은 인생의 시간을 알차게 쓸 수 있을까?' 이처럼 조급한 마음은 세월이 갈수록 심해질 수도 있습니다.

모세도 정작 80세가 넘어서, 즉 이스라엘의 지도자가 된 후에 조급한 마음이 들었을 것입니다. 더 늦기 전에, 더 기운이 빠지고 죽을 날이 가

깎기 전에 이스라엘 백성들이 하나님이 약속하신 가나안 땅에 들어가기를, 과업을 완성하고자 하는 욕심이 났을 것입니다.

출애굽기를 보면, 모세는 너무 심한 일 욕심에 60만 명의 이스라엘 백성들의 문제들을 손수 다 해결해 주겠다고 중재자로 나섰다가 장인 이드로에게 "비효율적으로 시간을 낭비하고 있으니 조직적으로 일을 하라"라는 조언을 듣게 됩니다.

리더에게 중요한 것은 모든 일을 한꺼번에 독차지하는 것이 아니고, 바쁘다고 무리해 서두르는 것도 아니며, 분산과 위임하는 것임을 미처 몰랐던 것입니다. 또한 급한 일을 먼저 할 것이 아니라 중요한 일을 먼저 하는 것이 지혜임을 알지 못했던 것입니다.

조급한 마음에 서두른다고 해서, 빨리 많은 일을 하겠다고 덤빈다고 해서 결코 시간 관리에 성공하는 것은 아님을 우리에게 보여줍니다.

본문에 기록된 모세의 기도를 보면, 그는 "우리 날 계수함을 가르치사 지혜로운 마음을 얻게 하소서"(시 90:12)라고 기도했습니다. '날 계수'란 무엇을 의미할까요? 날을 세어보는 것입니다. 우리는 지나간 날들을 돌아보는 것과 동시에 남은 날들을 세어볼 수 있어야 합니다.

그렇다면 '지나간 날들'이란 무엇을 의미할까요? 1년이 지나갔으면 365일이고, 10년이 지나갔으면 3,650일입니다. 바둑을 두는 사람은 시합이 끝나면 복기(復碁)를 합니다. 어디서 잘하고 못했는지 평가하고,

되짚어 보기 위해서입니다. 마찬가지로 학생들은 틀린 문제를 다시 풀어보고, 완전히 이해하고, 자기의 지식으로 삼아야 앞으로 전진할 수 있습니다.

지나간 날들을 헤아려보는 것, 역사를 통해서 교훈을 얻는 것, 실패를 실패로 끝내지 않고 앞으로 전진해 나가는 데 좋은 밑거름이 되게 하는 것, 그것이 바로 날을 세어보는 지혜입니다.

살다 보면 잊어야 할 것이 있고, 잊지 말아야 할 것이 있습니다. 잊어야 할 것은 무엇입니까? 누가 나를 섭섭하게 한 것, 나에게 상처 주고, 실수하고, 아프게 한 것입니다. 모두 잊어버립시다. 용서합시다. '용서'라는 말에는 '잊어버리다' 라는 의미가 담겨 있습니다.

반면 잊지 말아야 할 것은 무엇입니까? 나의 실수, 잘못, 같은 실패를 반복하지 않으려면 어떻게 해야 할까요? 잊지 말고 기억해야 합니다. 지나간 날들을 세어보면서 이런 지혜를 얻으실 수 있기를 축원합니다.

날을 세는 지혜는 지나간 날들뿐 아니라 앞에 남은 날들을 세는 것도 포함합니다. 그런데 지나간 날들은 셀 수 있지만 남은 날들은 어떻게 셀 수 있습니까? 하루가 남았는지, 100일이 남았는지, 1,000일이 남았는지 우리는 전혀 알 수 없습니다.

지난해 말 우리는 한국의 유명한 의사요 강연자이신 고 황수관 박사님이 67세밖에 되지 않았는데 급성 패혈증으로 사망하셨다는 소식을 들었습니다. 의학박사이신 데다 아직 한창이시고, 얼마든지 건강하게 사실 수 있는 나이인데 말입니다.

이처럼 우리에게 남은 날들을 세는 것은 불가능해 보입니다. 그렇다고 해서 우리가 내일을 준비하지 않고 살 수는 없습니다. "내일 죽을지 모르니까 나는 아무 준비도 하지 않겠다" 하고 말하는 사람은 가장 어리석은 사람입니다. 우리는 내일 세상이 멸망한다 해도 오늘 해야 할 일을 해야 합니다. 또한 내일과 한 달 후, 1년 후, 10년 후를 준비하며 살아야 합니다.

'내가 만일 한 달만 더 살 수 있다면 무슨 일을 해야 가장 보람 있을까?', '내가 만일 1년만 더 살 수 있다면 가장 소중한 그 시간을 어떻게 보낼까?' 하고 생각해 보십시오. 아마도 준비하고, 생각하고, 노력하고, 가치 있는 시간을 보낼 것입니다.

어떤 90세 되신 할아버지가 60세 되는 동생, 거의 자식뻘 되는 후배에게 이렇게 말했습니다. "내가 만일 다시 60세가 될 수 있다면 지나간 30년같이 살지는 않을 걸세."

사실 나이 60세만 되어도 '나는 이제 늙었다. 앞으로 무슨 일을 할 수 있겠나? 은퇴하고 조용히 쉬면서 여생을 보내야지' 하고 생각합니다. 그런데 요즘에는 어떻습니까? 90세까지 건강하게 사시는 분들이 많습니다. 자칫하면 30년의 세월을 준비 없이 보낼 수도 있습니다.

그래서 90세 할아버지는 새롭게 외국어를 배우기로 했습니다. 이제 늦게 새로운 외국어를 배워서 뭐하시려는 것일까요? 90세에 배운 외국어로 여행도 갈 수 있고, 선교도 할 수 있고, 통역 봉사도 할 수 있습니다.

날을 세는 지혜를 가지십시오. 지나간 날들을 돌아보고 교훈을 얻으며, 앞으로 살아갈 날들이 길지, 짧을지는 알 수 없지만 준비 없이 시간을 흘려보내는 것이 아니라 보람 있는 삶의 목적과 목표들을 구체적으로 준비해서 아쉬움 없는 알찬 시간들을 보내실 수 있기를 축원합니다.

사도 바울은 에베소 교인들에게 이렇게 부탁했습니다.

"세월을 아끼라 때가 악하니라 그러므로 어리석은 자가 되지 말고 오직 주의 뜻이 무엇인가 이해하라 술 취하지 말라 이는 방탕한 것이니 오직 성령으로 충만함을 받으라"(엡 5:16-18).

여기서 '세월을 아끼라' 라는 말은 무엇을 의미할까요? 뒤에 있는 날을 세는 것이 아니라 앞에 있는 날들, 앞으로 살아갈 날들의 기회를 잘 살리라는 뜻입니다. 공동번역은 이 말씀을 이렇게 번역했습니다.

"이 시대는 악합니다. 그러니 여러분에게 주어진 기회를 잘 살리십시오"(엡 5:16, 공동번역).

앞으로 다가오는 기회를 잘 살리려면 어리석은 자가 되지 말고, 하나님의 지혜를 가지고 주님의 뜻이 무엇인지 이해해야 합니다. 또한 주님의 뜻을 이해하려면 술 취하지 말고, 성령 충만해지는 길밖에는 없습니다.

그러면 시간을 관리하는 지혜는 어디에서 옵니까? 시간은 하나님이 만드셨고, 시계는 사람이 만들었습니다. 시계만 보지 말고, 시간을 주관하시는 하나님을 바라봅시다. 우리는 "오늘이 며칠이야?" 하고 날짜를 보기 위해 달력을 봅니다. 그러나 기억하십시오. 하루하루를 창조하신 분은 하나님이시고, 사람은 달력을 만들었을 뿐입니다.

시간은 이렇게 흘러가는데, 날 계수하는 지혜가 없는 사람은 인생이 헛되이 지나가버리고 말 것입니다.

시간 관리의 지혜는 곧 날을 계수하는 지혜입니다. 그러므로 지나온 과거를 교훈으로 삼아서 같은 실수를 반복하지 않고, 남은 날을 세며 사는 지혜를 통해 한 해를 보람 있게, 남은 인생을 알차게 살아가시기를 축원합니다.

Be filled with God's Wisdom

3. 우선순위의 지혜
Wisdom of Priority

"그런즉 너희는 먼저 그의 나라와 그의 의를 구하라 그리하면 이 모든 것을 너희에게 더하시리라"(마 6:33).

인생 80세에 나머지 인생을 바라보던 모세는 "우리에게 우리 날 계수함을 가르치사 지혜로운 마음을 얻게 하소서"(시 90:12)라고 기도했습니다.

지나간 날들을 세어볼 줄 아는 것, 지나간 삶에서 필요한 교훈을 얻을 줄 아는 것, 이것이 시간 관리의 지혜입니다. 또한 앞으로 다가올 날들, 우리의 인생이 얼마나 남았는지 알 수 없어도 미리 준비하고 계획하는 지혜가 필요합니다.

시편 90편 끝에 보면, "우리의 손이 행한 일을 견고하게 하소서"(시

90:17)라는 말씀이 나옵니다. 시간 사용의 지혜는 곧 우리의 시간을 하나님의 목적을 위해 사용하는 것입니다. 손으로 행한 일이 견고하게 되듯이 우리의 인생이 결코 허무하지 않게 열매를 맺는 단단한 삶이 될 것이라고 믿습니다.

그런데 아무리 시간을 아끼고, 부지런히 살고, 빠르게 달려가도 주 안에 거하지 못하면 헛된 일입니다. 허망한 일은 빠르게 달려가도 아무 소용이 없습니다. 따라서 마태복음 6장 말씀을 통해 우선순위의 지혜를 얻기 원합니다.

우선순위란 "급한 일을 먼저 할 것인가, 아니면 중요한 일을 먼저 할 것인가?"라는 질문으로 설명할 수 있습니다.

지혜가 있는 사람들은 급한 일을 먼저 하기보다 중요한 일을 먼저 합니다. 시간 사용의 지혜가 없는 사람일수록 항상 바쁘고, 급하고, 뛰어다닙니다. 허둥지둥하는 사람은 시간 사용의 지혜가 부족한 것입니다. 이는 시간 관리에 실패했음을 증명하는 것이나 다름이 없습니다.

아무리 바빠도 항상 바쁘다고 말하지 말고, 바쁘지 않은 것처럼 사십시오. 물론 그렇게 살려면 항상 한 걸음, 두 걸음 앞을 미리 내다보고 준비해야 합니다.

즉, 우리가 하는 일의 우선순위를 바르게 찾아야 합니다. 모세가 60만

명 백성들의 시시비비를 가리는 재판을 할 때 모든 사건을 혼자 담당하니까 아침부터 저녁까지 줄이 길게 늘어서 있었습니다. 모세는 하루 종일 앉아서 다 듣고, 그것을 해결해 주느라 고생했습니다.

자기 스스로 보지 못하는 지혜를 제3자의 눈으로는 분석할 수 있고, 대책도 세울 수 있습니다. 모세의 장인 이드로는 '이렇게 해서는 80세를 넘긴 사위가 오래 못 살겠구나' 하고 염려되었습니다. 그것도 문제이지만 효율성과 우선순위의 문제도 있었습니다. 백성들 전체를 이끌고 나가야 할 모세가 크고 작은 모든 시비거리, 분쟁거리를 다 중재하고 있으면 정말 중요한 일은 언제 하겠습니까?

어떤 선생님이 학생들에게 질문했습니다. "빈 유리병 하나에 모래와 작은 돌멩이와 큰 돌을 넣으려면 어떻게 해야 할까요?" 실제로 실험해 보았더니 공간이 부족해 다 넣을 수가 없었습니다.

이번에는 순서를 바꾸어 보았습니다. 똑같은 병 속에 큰 돌을 먼저 넣고, 틈틈이 작은 돌멩이를 넣고, 그 후에 모래를 부어서 흔들었습니다. 그다음에 물까지 한 병 부었습니다. 그래도 다 들어갔습니다. 이것이 바로 우선순위의 문제입니다.

지난해 로스앤젤레스에 살고 있는 사람들은 아주 무겁고 큰 물건이 대로 한복판을 행진하는 모습을 두 번이나 지켜보았습니다. 하나는 아주 큰 돌을 채석장에서 발견한 예술가가 윌셔 미라클 마일 지역에 있는 현대미술관까지 옮겨다 놓은 것이고, 또 하나는 퇴역한 우주왕복선 엔데버(Endeavour)호를 로스앤젤레스 시가 구입하여 비행기 등에 얹혀 LAX 공항에 내려 캘리포니아 과학 박물관까지 이동하는 광경이었습니다.

'공중에 뜬 바위덩어리'(Levitated Mass)라고 하는 엄청난 물체를 옮기고, 또 크고 무거운 우주왕복선을 이동했습니다. 대형 트럭이 끌고 이동하는 동안 지나가는 구간의 신호등, 가로등, 전선 등을 임시로 철거했습니다. 그렇게 큰 물건들이 지나가는 것을 바라볼 때 우리는 어떤 감동과 메시지를 분명히 느낍니다. 그것은 바로 큰 것을 먼저 하라는 우선순위의 메시지입니다.

새로운 해가 시작되었습니다. 만약 처음부터 순서 없이 집어넣거나 순서가 잘못되어 있으면 어떻게 될까요? 막상 채워야 할 것을 다 채우지 못한 채 당황하게 될 것입니다. 그런데 시작부터 중요한 일, 순서에 합당한 일을 먼저 채워나가면 어떨까요? 중간 크기의 돌도 넣고, 작은 돌도 넣고, 모래도 채울 수 있듯이 한 해가 보람 있는 일들로 차곡차곡 채워지는 우리 인생이 될 것입니다.

예수님은 제자들에게 "염려하지 말라"라고 하셨습니다. 새해를 시작하면서 마냥 희망과 기쁨이 솟아나기보다는 '올 한 해 닥칠 수많은 도전들을 어떻게 감당해야 할까?' 하고 마음이 무거운 분들이 더 많지 않습니까? 이처럼 무거운 마음으로 새해를 맞이하는 우리에게 예수님은 이렇게 말씀하십니다.

> "그러므로 염려하여 이르기를 무엇을 먹을까 무엇을 마실까 무엇을 입을까 하지 말라 이는 다 이방인들이 구하는 것이라 너희 하늘 아버지께서 이 모든 것이 너희에게 있어야 할 줄을 아시느니라"(마 6:31-32).

"무엇을 먹을까, 무엇을 마실까, 무엇을 입을까 염려하지 말라! 하늘 아버지께서 이 모든 것이 너희에게 있어야 할 줄을 아시느니라!" 하고 말씀하셨습니다. 그래서 주님이 우리에게 요구하시는 것이 무엇입니까? "먼저 그의 나라와 그의 의를 구하라"라는 것입니다.

'먼저!', 즉 우선순위를 말합니다. 우리 삶의 우선순위가 바로잡혀 있으면 '이 모든 것을 더하시리라', 즉 삶 전체의 질서가 바로잡히게 됩니다. 예수님이 우리 삶의 우선순위를 바로잡아 주시는 주님이 되심을 인정하시기 바랍니다.

마르다와 마리아에게도 예수님은 우선순위를 가르쳐주셨습니다.
"봉사하는 것도 좋지만 예배가 더 중요하다. 말씀 속에서 주님과 교제를 나누는 것을 우선으로 하고, 봉사와 섬김은 거기에 따라가는 것이 되어야 한다."

물고기 잡는 어부였던 베드로에게는 "사람 낚는 어부가 되라"라고 하셨습니다. 생존을 위해서 물고기 잡는 생업에 종사하는 것과 영혼을 구원하는 복음 전도의 사명자가 되는 것, 이 둘 중에서 당연히 물고기 잡아서 먹고 사는 것이 급하게 느껴질 수밖에 없습니다. 그렇지만 예수님은 "급한 일에 매달려 살지 말고 중요한 일을 하면서 살아라!" 하고 말씀하심으로 우선순위를 새롭게 해주셨습니다.

본문 마태복음 6장 33절에서 예수님은 "먼저 그의 나라와 그의 의를 구하라"라고 하셨습니다. 이 말씀대로 우리 삶의 우선순위를 주님이 맡겨주신 거룩한 사명에 둔다면 어떻게 될까요? 우리 삶의 사정과 형편 가운데 주님이 채워주시는, 형통케 하겠다고 약속하신 것이 이루어지는 역사가 일어날 줄로 믿습니다.

세상 속에서 살아가는 모든 성도들이 한 해 동안 우선순위를 바로잡는 실험을 해보시면 어떨까요? 모두 하나님을 시험해 보시면 좋을 것 같습니다. 믿음으로 실험해 보십시오.

어디 감히 하나님을 시험할 수 있냐고 하시는 분들이 계실지 모르겠습니다. 성경에 보면, 하나님이 시험해 봐도 좋다고 허락하셨습니다.

먼저 그의 나라와 그의 의를 구하는데 학업에서 진보가 일어나고, 직장에서 성과가 나오고, 사업에서 하나님이 채우시는 역사가 일어나는지, 아닌지 확인해 보십시오. 제발 믿음으로 하나님을 시험해 보시고, 그 시험 결과를 알려주십시오. 그리고 그 사실을 교회 안에서, 밖에서 간증하는 성도들이 되시기를 부탁합니다.

한 의사 선생님은 선교와 봉사에 힘을 쓸 때 환자도 보내주시고, 병원 경영에 문제가 없게 하시더라고 간증했습니다. 자바시장 청바지, 옷 공장 하시는 분들도 마찬가지입니다. 하나님의 일에 관심이 많으시고, 교회의 일에도 관심이 많으십니다. 자기 사업 하기에도 바쁘실 것 같은데, 얼마나 주님의 일에 매달려 열심히 하시는지 모릅니다. 그런데도 놀랍게 하나님이 도와주시더라고 고백했습니다.

여기서 아주 중요한 것이 바로 지혜입니다. 하나님의 지혜는 하나님께 관심이 있고, 하나님을 사랑하고, 하나님을 가까이하는 사람들에게 주어지는 것 같습니다.

솔로몬이 이야기한 지혜는 '여호와를 경외하는 것'입니다. 사업을 하는 사람이 사업만 열심히 하지 않고 주님을 사랑하고, 하나님을 가까이 할 때 사업과 직장 가운데 하나님의 도우심의 능력이 나타나지 않겠습니까? 그러므로 항상 최고의 우선순위를 하나님께 두는 것이 지혜라고 믿습니다.

하나님이 중요하게 보시는 것을 우리도 중요하게 볼 수 있어야 합니다. 예수님은 "지극히 작은 자 하나에게 한 것이 곧 내게 한 것이니라"(마 25:40)라고 말씀하셨습니다. 지극히 작은 자가 결코 작아 보이지 않을 때 우리 삶의 우선순위가 바로잡히는 지혜를 얻게 됩니다.

하나님이 크다 하시는 것을 크게 볼 수 있는 것이 하나님 나라이고, 하나님이 작다 하시는 것을 작게 볼 수 있는 것이 하나님 안에서 바로잡힌 우선순위입니다. 그렇게 변화되지 않으면 우리는 또다시 '무엇을 먹을까? 무엇을 입을까? 이 세상을 어떻게 살아갈 것인가?'를 염려하는 삶으로 미끄러져 내려가버리고 맙니다.

하나님 나라가 가장 크고, 가장 중요하고, 가장 먼저 해야 할 일로 느껴지는 변화의 역사가 우리 마음과 삶 속에서 일어나기를 축원합니다.

얼마 전 남가주에 있는 장신대 동문들이 존경하는 교수님께 새해 인사를 드리려고 모였습니다. 세배 드리기에 앞서 동문들을 소개하는데, 저희 부부도 함께 나가서 섰습니다. 분명히 사회자가 동문 소개를 하라고 해서 "저는 강진웅 목사입니다" 하고 소개하고는 마이크를 옆으로 넘겼습니다.

옆에 있던 동문은 자기 아내도 장신대 학부 몇 학번이라며 아내까지 소개했습니다. 그다음 동문은 동문이 아님에도 불구하고 자기 아내를 소개하고 인사를 시켰습니다.

순서가 그렇게 되자 저는 속으로 '아이쿠' 싶었습니다. 마지막에 사회자가 자기소개만 해도 시간이 없는데 아내까지 다 소개하느냐고, 앞으로 소개 없이 세배만 드리라고 야단을 쳤지만 속으로 저는 오히려 '내가 야단을 맞게 생겼구나' 싶었습니다. "다른 남편들은 아내를 존중하고 소개하는데, 당신은 저를 소개시켜주지도 않으면 어떻게 해요" 하는 소리를 들을 것만 같았습니다. 그러나 그것이 아닙니다. 저는 제 아내를 무척이나 소중하게 생각합니다.

하지만 저는 제 아내가 얼마나 첫째가는 우선순위인지, 그것을 느끼게 해줄 기회를 놓쳐버렸습니다.

우선순위의 문제는 중요합니다. 하나님의 우선순위를 깨닫는 것은 우리에게 너무나 필요한 지혜입니다. 그것을 위해 기도하고, 하나님의 우선순위에 맞추어 살아가실 수 있기를 축원합니다. 후회 없고, 아쉬움도 없고, 부끄러움도 없고, 오직 하나님의 지혜로 충만한 삶을 사실 줄 믿습니다.

Be filled with God's Wisdom

Wisdom of Self-Management

4. 자기 관리의 지혜

"내가 내 몸을 쳐 복종하게 함은 내가 남에게 전파한 후에 자신이 도리어 버림을 당할까 두려워 함이로다"(고전 9:27).

이 장에서는 세 번째 지혜의 말씀, 즉 자기 관리의 지혜를 함께 나누기 원합니다. 리더십이란 다른 사람들을 잘 이끌어주는 영향력입니다. 하지만 많은 리더들은 자기 자신에 대해서도 바람직한 리더십을 발휘해야 한다고 말합니다. 그것을 '셀프 리더십'(self-leadership)이라고 부릅니다.

시카고에 윌로우크릭교회를 개척하여 복음을 전하는 교회로 크게 부흥을 이룬 빌 하이벨스 목사님은 수천 명의 성도들을 잘 인도하고, 많은 리더들과 자원봉사자들을 격려하면서 목회 사역을 하고 있지만 '셀

프 리더십이 얼마나 중요한가', '자기 자신을 잘 관리하지 못하면 결국 다른 사람을 인도하는 리더십에서도 실패할 수밖에 없다'는 것을 인정했습니다.

본문인 고린도전서 9장을 보십시오.

"운동장에서 달음질하는 자들이 다 달릴지라도 오직 상을 받는 사람은 한 사람인 줄을 너희가 알지 못하느냐 너희도 상을 받도록 이와 같이 달음질하라"(고전 9:24).

많은 운동경기가 다른 운동선수들과 경쟁하는 것 같아 보이지만 사실은 자기와의 싸움이라고 합니다. 이는 남들을 이기려고 하기 전에 자기 자신을 절제하고 통제하지 못하면 결국 다른 사람보다 나은 것을 소유할 수 없다는 말입니다.

나 자신을 쳐서 복종시키고, 연단하고, 훈련하고, 준비하고, 실력을 닦아놓지 않고서 다른 사람과 시합하고 경쟁하면서 이기려고 하는 것은 허황된 생각에 불과합니다.

신앙생활도 마찬가지입니다. 누구에게 보이려고 신앙생활을 하는 것이 아닙니다. 다른 사람과 비교해서 칭찬 듣고, 자기 만족을 얻으려고 신앙생활을 하는 것도 아닙니다.

'나는 이 세상에서 하나님이 보시기에 합당한 믿음의 분량을 가지고 살아가고 있는가?' 하고 엄정하게 자기 스스로를 평가할 수 있어야 합니다.

> "이기기를 다투는 자마다 모든 일에 절제하나니 그들은 썩을 승리자의 관을 얻고자 하되 우리는 썩지 아니할 것을 얻고자 하노라"(고전 9:25).

경쟁에서 이기고, 시합에서 이기려고 하는 사람들은 모든 일에 절제한다는 말씀입니다. 여기서 '썩을 승리자의 관을 얻고자 하는 그들'은 월계수 관을 쓰고자 하는 그리스의 원조 올림픽 선수들을 말하는 것입니다.

세상의 운동경기와 이 세상의 육신에 속한 삶에서도 승리자가 되기 위해서는 절제하고, 자기를 통제하고, 자기를 관리해야 하는데 썩지 아니할 면류관을 바라보는 성도들은 얼마나 자기 관리를 잘해야 하겠습니까? 사도 바울은 그런 지혜를 가지고 살아가기를 우리에게 권면하고 있습니다.

절제를 'self-control'이라고 하는데, 이는 다른 사람을 통제하려고 하기보다 먼저 자기를 통제할 수 있어야 한다는 뜻입니다. 자기 절제가 가능하기 위해서는 분명한 목적의식을 가지고 있어야 합니다. 분명한 목적의식이 없으면 허공을 치는 것같이 아무리 힘을 주고, 노력을 하고, 수고를 해도 자기 절제를 이룰 수 없습니다. 자기를 통제할 수 없습니다.

> "그러므로 나는 달음질하기를 향방 없는 것같이 아니하고 싸우기를 허공을 치는 것같이 아니하며"(고전 9:26).

목표를 상실한 사람들은 자기 절제에서도 실패할 수밖에 없습니다. 인생 가운데 수많은 적들과 잘 싸워서 승리한 다윗이 언제 실패했습니까?

다윗은 블레셋의 거인 장군 골리앗도 이겼고, 이스라엘 사울 왕의 칼날 아래에서도 보호를 받았으며, 광야에서 도망자로 살면서도 다 견디고, 참고 이겼습니다. 이처럼 다윗은 자기 밖에 있는 적들과는 잘 싸워서 이겼지만 결국 자기 안에서, 자기 자신과의 싸움에서는 승리하지 못하고 실패하고 말았습니다.

이렇게 자기와의 싸움은 어렵습니다. 그런데 반드시 승리해야 합니다.

바울이 말하듯, 허공을 치는 것처럼 목표를 상실한 채 달리기를 하면, 즉 결승선, 최종 목적지를 찾지 못해서 엉뚱한 방향으로 뛰고 있다면 자기 관리에 실패할 수밖에 없습니다.

다윗이 언제 유혹과 시험에 넘어가서 자기 관리에 실패했습니까? 선명하고 생생하던 그의 삶의 목적과 방향이 모호해지고, 흐릿해졌을 때입니다.

다윗의 인생의 목표가 성전을 사모하는 것이요 하나님의 영광을 위하여 블레셋 족속과 싸워서 승리하는 것에 집중되어 있을 때는 유혹과 시험에 빠질 겨를이 없었습니다.

그런데 달음질하기를 향방 없이 하고, 싸우기를 허공을 치는 것같이 하며, 목표를 상실하고, 왕권을 어떤 목적을 위해서 사용할지, 그 방향을 상실했을 때 밧세바의 유혹을 견디지 못하고 넘어질 수밖에 없었습니다.

그러므로 자기 관리의 지혜를 가진 성도들이 되시기를 바랍니다. 자기 통제를 못해서 유혹에 넘어지고, 목표를 상실하는 일이 없도록 더욱 분명하고, 구체적인 삶의 목적과 방향을 재확인하실 수 있기를 축원합니다.

요즘은 자동차에 내비게이션, 즉 GPS를 이용한 길 안내 장치가 있습니다. 목적지에 가 본 적이 없어도 주소만 알면 그 기계가 공중에 떠 있는, 위치 정보를 알려주는 위성 세 개에서 신호를 받아서 현재 위치를 확인하고, 목적지까지 길을 안내해 줍니다.

남자는 세 여자의 목소리를 경청해야 한다고 합니다. 첫째는 어머니의 목소리요 둘째는 아내의 목소리입니다. 마지막은 내비게이션에서 흘러나오는 여성의 목소리입니다.

내비게이션은 한번 목적지를 입력하면 도중에 길을 잘못 들어서도 다시 가는 길을 확인하고 수정해서 알려줍니다. 오른쪽으로 가야 하는데 왼쪽으로 간 경우 안전한 곳에서 유턴하여 제 방향으로 가라고 말해 줍니다. 내려야 할 프리웨이 출구를 놓치면 다음번 출구에서 어떻게 해야 할지 알려줍니다.

운전을 할 때 내비게이션과 같은 지혜로운 도구가 필요한 것처럼, 우리가 인생의 목적지를 향해 나아가기 위한 자기 절제와 자기 통제를 이루기 위하여 꼭 필요한 것은 성령 하나님의 음성에 귀를 기울이는 것입니다.

기도하는 목적도 바로 여기에 있습니다. 나 자신을 내가 어떻게 잘 통제할 수 있습니까? 수양하고, 도를 닦고, 묵상을 한다고 되는 것이 아니고 교육이나, 훈련이나, 다른 사람의 음성에 귀를 기울이는 것으로는 충분하지 않습니다.

나를 통제하는 힘은 나 자신에게서 나오는 것이 아닙니다. 이는 나약한 인간의 자포자기가 아니라 우리가 성령님을 의지하면서 인간을 창조하신 하나님, 나에 대하여 나보다 더 잘 아시는 하나님의 영이신 성령께서 우리의 마음과 생각과 언어와 행실을 다스려주시도록 그분께 맡겨드리는 것을 의미합니다.

"내가 내 몸을 쳐 복종하게 함은 내가 남에게 전파한 후에 자신이 도리어 버림을 당할까 두려워함이로다"(고전 9:27).

사도 바울은 복음을 전하고, 말씀을 가르치고, 예수님을 따르도록 인도하는 사역자로서 자신이 남에게 전파한 후에 만일 자신이 실패하면 어떻게 될까 싶어 두려워했습니다. 우리 역시 두려워해야 합니다. 자만할 수 없습니다. 사도 바울은 그의 서신 곳곳에서 이렇게 고백했습니다.

"내가 이미 얻었다 함도 아니요 온전히 이루었다 함도 아니라 오직 내가 그리스도 예수께 잡힌 바 된 그것을 잡으려고 달려가노라"(빌 3:12).
"내 속사람으로는 하나님의 법을 즐거워하되 내 지체 속에서 한 다른 법이 내 마음의 법과 싸워 내 지체 속에 있는 죄의 법으로 나를 사로잡는 것을 보는도다 오호라 나는 곤고한 사람이로다 이 사망의 몸에서 누가 나를 건져내랴"(롬 7:22-24).

자기 내면과의 갈등과 싸움이 있음을 솔직히 고백한 사도 바울은 믿음의 선한 싸움을 싸우며, 믿음의 진보를 이루어냈습니다.

우리도 성령 하나님의 음성에 귀 기울이면서 겸손하게, 자기를 쳐서 복종시키면서 인생의 참된 목적을 향하여 달려가는 믿음의 길을 갈 수 있다고 믿습니다.

자기 관리의 지혜를 위해서 기도합시다. 방향을 찾지 못해서 딴 길로 들어선 우리에게 내비게이션이 빨리 수정된 길을 안내해 주듯이 성령 하나님이 우리를 인도해 주시도록 기도합시다.

우리가 경쟁하고, 비교하고, 싸워서 이겨야 할 가장 강력한 경쟁자와 적은 밖에 있지 않고 내 안에 있습니다. 밖에서 아무리 골리앗을 쓰러뜨리고, 사울 왕보다 더 인기 있고, 칭찬도 받고, 사람들의 사랑을 받으면 무엇합니까?

"사도 바울 선생님은 모든 기득권을 다 포기하고, 이렇게 힘든 선교 사업을 위해서 자기의 모든 것을 바쳤다" 하고 칭찬받고, 인정받으면 무엇합니까? 남에게 전파한 후에 나 자신이 영적으로 파산하면 무슨 소용이 있겠습니까?

두렵고 떨리는 마음으로 자기 자신을 다스리고 쳐서 복종시켰던 바울과 같이 자기 자신을 위하여 기도하실 수 있기를 축원합니다.

Be filled with God's Wisdom

5. 변화를 추구하는 지혜
Wisdom of Pursuing a New Change

"그러므로 형제들아 내가 하나님의 모든 자비하심으로 너희를 권하노니 너희 몸을 하나님이 기뻐하시는 거룩한 산 제물로 드리라 이는 너희가 드릴 영적 예배니라 너희는 이 세대를 본받지 말고 오직 마음을 새롭게 함으로 변화를 받아 하나님의 선하시고 기뻐하시고 온전하신 뜻이 무엇인지 분별하도록 하라"(롬 12:1-2).

새것을 경험하고, 새로운 변화를 추구하는 것은 참 좋은 것입니다. 하나님은 우리에게 매일 새날을 주시고, 새 생명을 주시는 너무나 좋은 분이십니다. 우리 성도들의 삶 속에 하나님의 새롭게 하시는 역사가 많이 일어나기를 바랍니다.

첫째, 가장 먼저 변화가 시작되어야 할 것은 우리의 마음입니다.

"너희는 이 세대를 본받지 말고 오직 마음을 새롭게 함으로 변화를 받아 하나님의 선하시고 기뻐하시고 온전하신 뜻이 무엇인지 분별하도록 하라"(롬 12:2).

본문은 '오직 마음을 새롭게 함으로 변화를 받으라!' 라고 하는데, 외면의 변화, 세상의 변화, 물질의 변화는 적은 것이요 잠시뿐입니다. 예수 그리스도 안에서 마음부터 변화되는 것이 진정한 새로움의 역사입니다.

여러 가지 무섭고도 더러운 죄악의 구렁텅이에 빠졌던 다윗은 처절하게 회개하면서 "하나님이여, 내 안에 깨끗한 마음을 창조해 주시고, 정직한 영혼으로 새롭게 해주소서!"라고 기도했습니다. 시편 51편을 보십시오.

"하나님이여 내 속에 정한 마음을 창조하시고 내 안에 정직한 영을 새롭게 하소서"(시 51:10).

새롭게 되기를 원하십니까? 진정으로 변화된 삶을 살기 원하십니까? 그러기 위해서는 마음이 새로워져야 합니다. 새 옷을 입는 것은 잠시뿐입니다. 새 차를 타는 것도 오래가지 않습니다. 새로운 나라에서 새로운 신분으로 살아도 소용이 없습니다.

우리의 마음이 새로워지지 않으면 다른 모든 것들이 바뀐 것 같아 보여도 그것은 껍데기의 변화에 불과할 뿐입니다. 하지만 마음이 새로워지면 우리의 인생이 새롭게 됩니다.

그러므로 마음을 새롭게 해야 하는데, 어떻게 해야 마음의 변화가 일어날까요? 오직 우리의 마음을 주님께 드리는 것 외에는 새로움의 역사가 일어날 수 없습니다. 구약에서 하나님은 이렇게 명령하셨습니다. 마음을 다하여 하나님을 사랑하면 우리 안에 정결한 새 마음을 주겠다는 것입니다.

> "너는 마음을 다하고 뜻을 다하고 힘을 다하여 네 하나님 여호와를 사랑하라"(신 6:5).

신약에서 예수님도 똑같이 말씀하셨습니다.

> "네 마음을 다하고 목숨을 다하고 뜻을 다하고 힘을 다하여 주 너의 하나님을 사랑하라"(막 12:30).

또한 잠언 23장은 "네 마음을 달라!" 하고 말씀합니다.

"내 아들아 네 마음을 내게 주며 네 눈으로 내 길을 즐거워할지어다"
(잠 23:26).

우리는 내 마음이 내 마음대로 되지 않을 때가 있습니다. 그래서 삐치기도 하고, 마음 상하고, 냉정하게 돌아서는 사람들도 있지만 하나님께는 그러지 마시기를 바랍니다. 완고한 마음은 하나님이 기뻐하시지 않습니다. 마음을 정금과 같이 하십시오. 순금의 특징은 비교적 말랑말랑하다는 것입니다. 그래서 진짜 금인지 알아보기 위해 깨물어보는 것입니다. 새로운 마음을 주시도록 하나님께 나의 마음을 맡기시기를 부탁합니다.

둘째, 하나님은 창조 때부터 지금까지 계속적인 변화의 주체가 되시고 주관자가 되십니다.

"주의 영을 보내어 그들을 창조하사 지면을 새롭게 하시나이다"(시 104:30).

하나님은 창조의 하나님이시고, 지면을 새롭게 하십니다. 변화를 주관하시고, 주도하시는 분입니다.
요한계시록에서도 모든 불완전한 변화와 새로움이 완벽하게 되는 것이 하나님의 주권에 속한 일이라고 분명하게 말씀하고 있습니다.

"보좌에 앉으신 이가 이르시되 보라 내가 만물을 새롭게 하노라 하시고 또 이르시되 이 말은 신실하고 참되니 기록하라 하시고"(계 21:5).

우리가 온전한 변화와 새로움을 추구한다면 하나님 아버지께 그것을 의지하고, 부탁해야만 하지 않겠습니까?

그러므로 본문인 로마서 12장 말씀처럼 마음을 새롭게 함으로 변화를 받아 아버지 하나님의 기뻐하시고 온전하신 뜻이 무엇인지 이해하시기를 바랍니다.

하나님이 기뻐하시고, 원하시는 변화가 무엇인지 깨달아 아는 지혜가 우리에게 필요합니다.

진정한 변화의 지혜는 '하나님의 기뻐하시고 온전하신 뜻이 무엇일까?' 하고 묻는, 하나님의 뜻을 아는 지혜입니다. 만물을 새롭게 하시는 분이 하나님이십니다. 모든 새로운 창조는 하나님의 창조 밖에 있을 수 없습니다.

인간이 새로움과 창조의 능력을 발휘하려면 하나님의 창조 세계의 아름다움을 자세히 관찰하면서 하나님의 섭리를 묵상할 때만 가능합니다.

"여호와 우리 주여 주의 이름이 온 땅에 어찌 그리 아름다운지요 주의 영광이 하늘을 덮었나이다 주의 대적으로 말미암아 어린아이들과 젖먹이들의 입으로 권능을 세우심이여 이는 원수들과 보복자들을 잠잠하게 하려 하심이니이다 주의 손가락으로 만드신 주의 하늘과 주께서 베풀어 두신 달과 별들을 내가 보오니 사람이 무엇이기에 주께서 그를 생각하시며 인자가 무엇이기에 주께서 그를 돌보시나이까 그를 하나님보다 조금 못하게 하시고 영화와 존귀로 관을 씌우셨나이다"(시 8:1-5).

변화는 아름다운 것입니다. 성도들의 마음과 삶 속에 변화가 일어나는 것을 볼 때에 얼마나 기쁘고 감사한지 모릅니다. 목회의 보람과 기쁨이 거기에 있습니다. 우리 교회 안에서 새로운 변화가 일어나고 있습니다. 오늘도 변화를 경험하고 계시지요? 오늘은 결코 어제와 똑같지 않습니다. 그리고 의도적으로라도 달라져야 합니다.

오늘날 젊은이들은 교회에 흥미를 느끼지 못합니다. 왜냐하면 교회가 변화를 거부하고 있기 때문입니다.
젊은이들의 속성은 변화에 민감하고, 변화를 추구하고, 변화를 즐기는 세대라는 것인데, 교회는 너무 변하지 않습니다. 심지어 변화를 죄악시하는 경우도 있습니다.

젊음의 반대의 화석이고, 변화를 수용하고 즐기는 것이 곧 젊음입니다. '나는 젊은가, 늙었는가?' 하는 기준을 나이에 두지 마십시오. 변화를 받아들이고, 즐기고, 주도하고, 창조하고 있으면 젊은 것입니다. 나이와 상관이 없습니다.

변화가 싫고, 불편하고, '왜 도대체 뭔가를 자꾸 바꾸려고 하는 것인가?' 하고 힘들게 느껴지면 나이가 19세라도 늙은 것입니다.

저는 변화를 받아들이고, 적응하고, 수용하는 우리 교회 성도들이 참 고맙고 사랑스럽습니다. 어르신들도 변화를 참 잘 받아들이시는 것 같습니다. 지난해에 큰 변화를 경험했음에도 그 엄청난 변화의 물결 속에서 불안해하지 않고, 변화에 적응하고, 즐기고, 심지어 변화의 물결을 주도하는 능력까지 보여주신 모든 성도들은 다 젊으신 것입니다.

변화가 불편하고 힘든 분들의 경우 우리가 이해하고, 함께 변화의 물결을 탈 수 있도록 도와드려야 합니다.

성가대에 감사합니다. 2부와 3부에 두 배로 봉사하는 것이 얼마나 어려운 일입니까? 이전보다 갑절로 짐을 지고, 교회의 변화에 적극적으로 동참하시는 헌신에 감사를 드리지 않을 수 없습니다.

이렇게 성도들이 변화에 적극 대처하는 이유, 도대체 변화가 필요한 이유는 무엇이겠습니까?

1993년 6월, 20년 전 삼성 이건희 회장은 "마누라와 자식 빼놓고 바꿀 수 있는 모든 것을 다 바꾸라!" 하고 선포했습니다. 그 변화 경영의 열매는 세계 시장에서 최고 회사로 발전하는 발돋움의 기회가 되었고, 삼성은 일본의 유수한 전자회사들을 넘어 휴대폰과 텔레비전 모니터 등의 분야에서 정말 세계 최고로 인정받는 회사의 수준으로 올라섰습니다.

2011년 10월에 세상을 떠난 애플의 스티브 잡스는 변화 경영의 귀재였습니다. 그는 이미 존재하고 있던 제품들을 전혀 다른 세계에서 온 것처럼 보여주는 능력을 가진 사람이었습니다.

스티브 잡스는 길지 않은 그의 생애 동안에 수많은 새로움의 역사를 보여주었습니다. 최초의 퍼스널 컴퓨터라고 할 수 있는 애플 컴퓨터로부터 시작해서 매킨토시라는 혁신적 개인용 컴퓨터를 만들어냈고, 〈토이 스토리〉 같은 애니메이션 영화를 제작하는 픽사(Pixar) 회사를 설립했습니다.

'음악은 음반을 사서 듣는다'라는 생각을 통째로 바꾸어놓은 아이팟과 아이튠즈로 음악 산업을 완전히 바꾸어놓았고, 한 곡씩 다운로드 방식의 판매가 가능하도록 재편했습니다.

휴대폰의 종류는 셀 수조차 없습니다. 전혀 다른 세계에서 온 것처럼 열광하게 만든 스마트폰, 아이폰, 들고 다니기에 무거운 랩톱 컴퓨터의 한계를 돌파한 아이패드 등 셀 수 없는 혁신을 이루어냈습니다.

최근에 주가가 상당히 떨어지기는 했지만, 주가 총액 세계 최고의 회사가 된 가장 큰 요인은 새로움과 변화였습니다.

삼성이나 애플 같은 회사는 '이 세상에서도 새롭게 변화한다는 것은 얼마나 멋진 일인가?'를 우리에게 충분히 보여줍니다.

그렇다면 그리스도인의 변화, 교회의 변화는 무슨 결과와 열매를 기대할까요? 왜 그렇게 쉽지 않은 변화를 추구하고, 반드시 목표로 하는 변화를 이루어내야만 할까요? 정말 하나님이 그런 변화들을 원하고 계실까요?

저는 지금 우리가 하나님의 뜻을 따라서 새로운 변화를 주도하는 한 해가 될 것을 선포하고 있는 것입니다. 변화를 두려워하지 마십시오. 이제까지 경험했던 것들보다 훨씬 더 많은 변화들을 경험하게 될 것입니다.

하지만 그 모든 것들은 하나님이 원하시고, 하나님이 이끄시는 변화이므로 좋은 것입니다. 가능한 것입니다. 아름다운 열매로 나타날 것이라고 믿습니다.

예수 믿는다는 것은 변화를 추구하는 것인데, 왜 예수님을 믿고 따르면서 여전히 예수님 만나기 이전의 나를 고집하고 있습니까? 성경은 옛 사람을 벗어버리고, 새사람을 입으라고 말씀합니다.

왕궁으로 불려간 거지가 왕자님이 되려면 과감하게 거지 옷을 벗어 던지고, 왕자 옷으로 새로 갈아입어야 합니다. 이처럼 예수님을 믿는 것은 원하든 원치 않든 엄청난 변화의 물결 속으로 들어가는 것입니다.

사도 바울은 예수님을 만나기 전과 후에 얼마나 달라졌습니까? 가치관이 달라지고, 삶의 방식이 달라졌습니다. 예수님의 십자가를 향한 자세와 태도가 하늘과 땅만큼 달라졌습니다.

예수님을 믿고 따라가는 사람은 변화를 피할 수 없습니다. 물고기를 잡던 어부 베드로가 사람을 낚는 어부가 된 것은 삶의 목적과 방향과 태도에 있어서 180도 달라질 수밖에 없는 변화 가운데로의 초청이 아니겠습니까?

예수님을 따라가는 것은 내가 주도하는 변화가 아니고, 주님이 이끄시는 새로움의 길을 따라가는 변화의 삶임을 부인할 수 없습니다.

성도의 삶이 변해야 할 뿐 아니라 교회도 변해야 합니다. 교회가 변하지 않을 때 중세에는 종교개혁(Reformation)이 일어났습니다. 그래서 생겨난 교회들을 개혁 교회(Reformed Church)라고 부릅니다.

그렇다면 개신교 안에서 이미 개혁이 끝났습니까? 아닙니다. 아직도 개혁은 끊임없이, 계속적으로 일어나야 합니다. 교회가 변화를 거부하면 병들게 되어 있습니다.

교회가 스스로 변하지 않으니까, 세상이 기다리고, 참고, 그래도 뭔가 교회 안에 참된 것이 있고, 의로운 것이 있고, 이 세상을 초월하는 것이 있으리라 기대해도 나오지 않으니까 이제는 교회의 변화를 촉구하는 것입니다. 개혁하는 교회(Reforming Church)가 되기를 요청하고 있는 것입니다.

  교회들이 스스로 변화하지 않으면 억지로 변화될 수밖에 없고, 개혁이 없으면 혁명이 일어나고, 교회가 세상을 변화시킬 수 없다면 세상이 교회를 변화시킬 것입니다.

  어느 쪽으로 가야 하겠습니까? 하나님이 일으키시는 변화의 역사에 동참하고, 교회의 머리가 되시는 예수 그리스도께서 인도하시는 변화의 물결을 타고 있는 교회는 소망이 있습니다.

  셋째, 성도들은 세상 속에서 거룩한 변화를 만들어가는 영적 리더십을 발휘해야 합니다.

  세상이 교회와 성도를 변화시키는 것이 아니라 우리가 세상을 변화시키는 사명을 감당하려면 어떻게 해야 할까요? 우리는 그리스도 예수 안에서 새로운 피조물입니다. 새롭게 된 존재라는 자각을 항상 강하게 의식하고 살아야 합니다.

  "새 사람을 입었으니 이는 자기를 창조하신 이의 형상을 따라 지식에까지 새롭게 하심을 입은 자니라"(골 3:10).

세상을 변화시키는 가장 좋은 방법은 나 자신을 변화시키는 것이라는 말이 있습니다. 먼 곳에 가서 다른 사람을 변화시키려고 하기 전에 나 스스로가 새롭게 되면, 유혹의 욕심을 따라 썩어져 가는 구습을 버리게 되면, 내가 변하면 세상도 변합니다.

> "너희는 유혹의 욕심을 따라 썩어져 가는 구습을 따르는 옛 사람을 벗어버리고 오직 너희의 심령이 새롭게 되어 하나님을 따라 의와 진리의 거룩함으로 지으심을 받은 새사람을 입으라"(엡 4:22-24).

성도는 나 자신의 변화를 통하여 세상에 간증하는 믿음의 백성들입니다. 믿지 않는 사람들이 '예수 믿는 사람의 식당은 뭐가 달라도 다르구나', '예수 믿는 사람의 사업은 뭐가 달라도 정말 다르구나' 하고 생각할 수 있도록 세상의 악한 구습에서 벗어나 새롭게 되려고 몸부림치는 모습을 보여주시기를 부탁합니다.

교회가 그동안 이 세상 사람들에게 너무 많은 실망을 주었지만 우리가 그리스도 안에서 하나님의 뜻을 따라 공평과 정의를 실현하고, 하나님의 나라를 이 땅 가운데 보여주는 등 진짜 선교하는 마음으로 다가갈 때 진리 앞에 세상 사람들이 두려워하고, 존경하게 되는 역사가 일어날 것이라고 믿습니다.

Be filled with God's Wisdom

Wisdom of Problem Solving

6. 위기를 극복하는 지혜

"우리가 이같이 공사하는데 무리의 절반은 동틀 때부터 별이 나기까지 창을 잡았으며 그때에 내가 또 백성에게 말하기를 사람마다 그 종자와 함께 예루살렘 안에서 잘지니 밤에는 우리를 위하여 파수하겠고 낮에는 일하리라 하고 나나 내 형제들이나 종자들이나 나를 따라 파수하는 사람들이나 우리가 다 우리의 옷을 벗지 아니하였으며 물을 길으러 갈 때에도 각각 병기를 잡았느니라"(느 4:21-23).

이 장에서는 위기를 극복하는 지혜에 대하여 하나님의 말씀을 나누겠습니다. 모든 사람의 인생은 위기의 연속입니다. 위험한 일을 당하지 않는 인생은 하나도 없습니다. 이런저런 위기, 예상할 수 있거나 없는 수많은 위기를 맞이하고 그것을 극복하면서 살아가는 것이 인생입니다.

하나님의 지혜를 가진 사람은 인생의 위기를 어떻게 극복할까요? 똑같은 상황은 아니라 할지라도 성경 속에는 위기를 맞은 하나님의 사람들이 문제를 해결하는 지혜가 많이 담겨 있습니다. 그러므로 하나님의 말씀을 열심히 읽어야 합니다.

하나님의 말씀 속에는 놀라운 위기 극복 사건들이 정말 많습니다. 아브라함을 보십시오. 기근을 피하여 애굽에 내려갔다가 바로 왕에게 아내를 빼앗길 뻔한 사건을 만났습니다. 그 위기를 어떻게 극복했습니까? 지혜가 아니라 하나님의 은혜로 보호받았습니다.

하나님이 친히 바로 왕의 꿈속에서 말씀하시지 않았으면 아브라함은 꼼짝없이 사랑하는 아내를 빼앗기고, 그 인생 앞길이 완전히 망가질 뻔했습니다. 아내가 없으면 하나님이 주실 약속의 아들을 어디에서 얻을 수 있겠습니까?

아브라함에게 지혜가 없으니까, 용기가 없으니까, 스스로 문제를 해결할 수 없으니까 하나님이 은혜로 해결해 주시는 것을 볼 수 있습니다.

지혜로 위기를 극복한 사람은 누가 있습니까? 다윗 시대에 어리석은 부자 나발이라는 사람이 있었습니다. 하나님의 사람 다윗을 못 알아보는 거만한 부자였습니다. 그는 다윗이 군사를 이끌어 그의 사업을 보호해 준 것에 대한 고마움을 깨닫지 못했습니다.

나발은 양을 치는 큰 사업을 했는데, 다윗이 사나운 짐승 혹은 도둑들에게서 보호해 주었습니다. 그런데 군사들이 전쟁을 하지 않을 때에는 일종의 경호, 질서 유지, 대민보호 활동, 따로 군인들을 먹여 살릴 방법 등을 강구해야 했는데 그때 다윗이 얼마나 고생했겠습니까?

그래서 양털 깎는 큰 잔치를 베풀 때 나발이 함께 대접해 주리라 기대하고 찾아갔는데 오히려 무시당하고 모욕을 받았습니다.

나발은 감사하지도 않고, 주정을 부리다가 술이 깬 후에 '내가 무슨 짓을 한 것이지?' 하고 깨닫고는 심장이 탁 막히고, 가슴이 철렁해서 몸이 돌처럼 굳어 죽고 말았습니다.

분노를 풀지 못한 다윗은 군사를 동원해서 나발의 집안을 공격하려고 했습니다. 그때 지혜로운 나발의 아내 아비가일이 정성을 다하여 다윗에게 사죄하고, 정성껏 대접하고, 화를 풀어주었습니다.

나발과 같이 어리석은 사람은 어쩔 수 없지만 만약 내 집안사람이 철 없이 실수해서 사고를 내면 어떻게 해야 할까요?

문제 해결의 지혜를 아비가일이 보여줍니다. 남의 화, 오해, 상처받은 일을 지혜롭게 풀어주는 성도들이 되시기를 부탁합니다. 이는 참 쉽지 않습니다. 우리는 뜻하지 않게 누군가의 마음에 상처를 주고, 화가 나게 만들고, 섭섭함을 안겨줄 수 있습니다.

그런 마음을 풀어주는 것은 또 얼마나 어렵습니까? 자존심이 상하는 일입니다. 아비가일의 경우에는 자기가 저지른 잘못도 아닙니다. 그래도 상처받은 사람의 마음을 풀어주면 원수가 변하여 친구가 됩니다. 다윗은 아비가일의 지혜로움을 보고 그녀를 아내로 맞아들였습니다.

본문인 느헤미야서를 보면서 느헤미야가 어떤 상황 속에서 문제 해결의 지혜를 발휘했는가를 먼저 생각해 볼 필요가 있습니다. 느헤미야는 자기 자신의 편안함이나 부귀영화를 위해서가 아니라 나라와 민족을 위하여 많은 도전과 위기를 잘 극복해 낸 지도자입니다.

자기 자신은 페르시아 수산 궁에서 안전하게 잘 먹고 잘 살 수 있는 능력 있는 사람이었지만 자기 동족의 고향 예루살렘이 훼파되고, 민족이 수난을 당할 때 그것을 자신이 당하는 수치와 고통으로 여기면서 그 문제를 해결하는 사람이었습니다.

아주 큰 문제가 있을 때 그것을 피하는 사람이 있고, 해결하려고 나서는 사람이 있습니다. 전쟁이 나면 전쟁터에 뛰어드는 사람이 있고, 다른 나라로 도망가는 사람들이 있습니다. 경제위기가 일어나도 마찬가지입니다. 속수무책 아무 일도 하지 못하는 사람들이 있고, 큰 문제라도 해결하기 위해서 힘쓰는 사람들이 있습니다.

느헤미야서가 우리에게 주는 메시지는 다가오는 문제들을 해결하는 하나님의 백성들이 되라는 것입니다.

문제가 생겨도 해결할 생각을 못하는 사람이 있고, 나발같이 문제를 만드는 사람도 있습니다. 하지만 하나님은 우리에게 문제 해결의 사명을 맡겨주셨습니다.

집안에서도 문제가 생기면 나서서 해결하는 사람이 존경과 사랑을 받습니다. 직장에서 문제가 생기면 피하고, 숨는 사람에게 어떤 중요한 일을 맡기겠습니까?

교회 안에서도 항상 조용하고, 좋은 일만 있으면 좋겠지만 그럴 수 없습니다. 따라서 사람과 사람 사이에 어려운 문제가 생기면 화평을 만들고, 서로 상한 마음을 풀기 위해 노력하는 분들은 참 귀한 분들입니다. 문제 해결의 사명을 감당하시기를 부탁합니다.

느헤미야는 자기 민족이, 하나님의 백성들이 다 허물어진 성벽 사이에 노숙자같이 망한 민족의 수치를 뒤집어쓴 채 살아가고 있는 모습을 두고 볼 수 없었습니다.

그리스도인은 민족의 수치에서 벗어나게 하는 리더십을 발휘하는 사명을 감당해야 합니다. 한인타운의 이민자들은 20년 전 4·29 폭동이 일어나 큰 피해를 입었을 때 사실은 많은 수치를 드러냈습니다. 소규모 장사를 하면서 이웃들에게 사랑받지 못하고 공격의 대상이 되었다는 것은 수치스러운 일입니다. 또 세금을 아끼려고 제대로 재난을 대비하지 못한 것이나, 주류 사회와 소통하고, 대화하고, 함께 어울려 사는 이민자 사회로 성숙하지 못한 것에 대한 아쉬움이 드러났습니다.

그 이후로 교회와 교회 지도자들은 미국 사회 속에서 한인 이민자들의 역할과 사명이 제자리를 찾을 수 있도록 노력해 왔습니다.

지금은 어떻습니까? 여전히 한인 이민자들의 많은 허점과 약점이 있습니다. 아직도 주류 사회에 어깨를 나란히 하고 당당히 진입하기보다는 우리만의 안전지대(일종의 '게토'), 즉 고립된 한인 사회 속에서만 제자리를 맴도는 한인 이민자들의 모습입니다. 그들은 과연 우리 자녀들과 2세들, 그리고 미국 사회의 주도적인 리더들의 눈에 어떻게 보이겠습니까?

언젠가 제 아들이 물었습니다. "아빠, 우리 교회는 미국에 있는 교회지요? 그런데 왜 미국 사람은 없고 모두 한국 사람만 모여요?"
아이들은 학교에 가면 미국 사람은 물론이고 세계 어느 나라에서 온 사람이든 미국의 교육을 함께 어울려 배우고, 친구가 되는데 미국에 살면서 오로지 한국 사람만 모이는 이민 교회의 특징을 도저히 이해할 수 없었던 것입니다. 그래서 저는 이민 교회의 특수성을 이야기해 주었습니다.

하지만 아이들의 생각에도 일리가 있습니다. 울타리와 한계를 넘어설 수 있어야 합니다. 문을 열고 포용할 수 있어야 합니다. 적어도 이웃들과 더불어 사는 민족이라는 사실을 보여주지 않으면 큰 어려움이 닥칠 때 한인 이민 사회를 누구도 도와주지 않을 것입니다.

느헤미야 같은 이민 사회 지도자가 필요합니다. 그는 훼파된 예루살렘 성벽을 재건함으로써 민족의 자존심을 살리고, 하나님의 백성의 자립심과 우수성을 자랑했습니다.

그런데 이렇게 선한 일을 하려고 하는 사람들에게도 위협과 도전은 끊임없이 날아옵니다.

"산발랏이 우리가 성을 건축한다 함을 듣고 크게 분노하여 유다 사람들을 비웃으며 자기 형제들과 사마리아 군대 앞에서 일러 말하되 이 미약한 유다 사람들이 하는 일이 무엇인가, 스스로 견고하게 하려는가, 제사를 드리려는가, 하루에 일을 마치려는가 불탄 돌을 흙 무더기에서 다시 일으키려는가 하고 암몬 사람 도비야는 곁에 있다가 이르되 그들이 건축하는 돌 성벽은 여우가 올라가도 곧 무너지리라 하더라"(느 4:1-3).

하나님의 백성들이 잘되는 것을 배 아파하는 사람들이 있습니다. 하나님의 백성들이 왕성해지면 자기들의 입지가 위태로워지기 때문에 훼방하고, 무시하고, 위협하는 존재들이 있습니다. 산발랏과 도비야라는 토착 호족 세력이 바로 그들입니다. 느헤미야가 와서 이스라엘 나라를 재건하려는 것을 큰 위협으로 생각했기 때문에 할 수만 있으면 훼방하려고 했습니다.

우리는 알아야 합니다. 세상이 우리를 아무리 조롱하고, 위협해도 그것은 오히려 우리가 하나님의 자녀이기 때문에 당하는 고난임을 스스로 인정해야 합니다.

"정직하게 살면 망한다"라는 거짓말에 속지 말아야 합니다. "남을 도우며 살다가 너는 언제 성공할래?" 이런 조롱과 위협에도 넘어가지 말아야 합니다.

"하나님이 어디 계시냐? 교회에서 예수를 믿느니 차라리 돈을 믿고, 주먹을 믿고, 세상의 권세자들을 믿어라!"라는 헛된 말에 흔들릴 필요도 없습니다.

느헤미야의 문제 해결의 능력과 지혜는 믿음과 담대함에서 나왔습니다. 다윗이 골리앗만을 바라보았으면 두려워서 떨었을 것입니다. 이스라엘의 모든 군인들은 골리앗을 너무 크고 두려운 존재로만 보았기 때문에 40일 동안 두려워했습니다. 그런데 다윗은 문제를 크게 보지 않았고, 하나님을 더 크게 보았습니다. 하나님은 그분의 높고 위대하심에 대하여 묵상하는 자들에게 문제 해결의 지혜를 주시는 줄로 믿습니다.

하나님의 높고 위대하심에 마음을 두니까 골리앗이 큰 것은 문제가 되지 않았습니다. 골리앗이 큰 것이 오히려 다행이었습니다. 왜입니까? 돌멩이, 물맷돌을 던져서 쓰러뜨려야 하는 다윗의 입장에서는 표적이 큰 것이 좋기 때문입니다. 표적이 크면 빗나갈 확률이 적습니다. 크니까 더 맞추기가 좋은 것입니다.

명사수, 사격이나 양궁에서 금메달을 따는 사람들이 하는 말이, 표적인 10점 만점 포인트가 크게 보이면 금메달을 따는 경우가 많다고 합니다. 따라서 문제가 커도 두려워하지 말고 오직 하나님의 높고 위대하심을 의지합시다.

느헤미야도 마찬가지였습니다. 아무리 산발랏과 도비야가 조롱을 해도, 위협을 해도 저들을 크게 보지 않았습니다. 하지만 방심도 하지 않았습니다. 하나님을 믿는다고 교만하고, 방심하면 문제 해결의 지혜를 얻지 못합니다.

호랑이나 사자는 작은 짐승, 즉 토끼 한 마리, 새끼 사슴 한 마리를 식량으로 사냥할 때에도 결코 방심하지 않고 최선을 다합니다.

모든 싸움에서는 대충 하면 패배하고, 최선을 다해야 승리합니다. 대충 하다 실패하면 아예 시작하지 않은 것만 못할 수도 있습니다. 화장실 변기가 막혀서 뚫어야 하는데, 제대로 뚫으면 성공이지만 만일 뚫다가 넘쳐버리면 일이 더 커질 수 있습니다.

느헤미야와 함께한 이스라엘 백성들은 산발랏과 도비야를 두려워하지 않았지만 문제 해결의 자세는 철저합니다.

"이에 우리가 성을 건축하여 전부가 연결되고 높이가 절반에 이르렀으니 이는 백성이 마음 들여 일을 하였음이니라"(느 4:6).

그들은 자신들이 하는 일에 마음과 정성을 쏟았습니다. 훼방하는 자들이 요란하게 선전, 선동을 해도 흔들리지 않았습니다.

"우리가 우리 하나님께 기도하며 그들로 말미암아 파수꾼을 두어 주야로 방비하는데"(느 4:9).

그 대신 철저한 방어 자세와 경계근무로 위기를 돌파했습니다. 허장성세로 공격의 위협이 있을 때에도 두려워하지는 않았지만 한 손에 칼을 들고, 한 손에 공사 도구를 잡은 채 백성들에게 용기를 북돋우며 위기 앞에서 물러서지 않았습니다.

> "내가 성벽 뒤의 낮고 넓은 곳에 백성이 그들의 종족을 따라 칼과 창과 활을 가지고 서 있게 하고 내가 돌아본 후에 일어나서 귀족들과 민장들과 남은 백성에게 말하기를 너희는 그들을 두려워하지 말고 지극히 크시고 두려우신 주를 기억하고 너희 형제와 자녀와 아내와 집을 위하여 싸우라 하였느니라"(느 4:13-14).
>
> "성을 건축하는 자와 짐을 나르는 자는 다 각각 한 손으로 일을 하며 한 손에는 병기를 잡았는데 건축하는 자는 각각 허리에 칼을 차고 건축하며 나팔 부는 자는 내 곁에 섰었느니라"(느 4:17-18).

느헤미야와 함께한 백성들이 이토록 밤에 편하게 쉬지 못하고, 조를 짜서 공사 진행과 전쟁 준비의 이중고를 겪는 모습을 볼 때 마치 세상 속에서 살아가는 믿음의 성도들과 흡사하다는 생각이 들어 마음 한편이 짠합니다.

직장과 가정에서 힘겨운 삶을 살면서 교회에 와서 봉사하고, 교회를 세우고, 복음을 전하고, 자녀들에게 성경을 가르치고, 고난당하는 성도들을 심방하고, 위로하고, 기도하느라고 고생과 수고함에 있어서 두 배, 세 배의 힘겨운 삶을 살아가는 이민 교회 성도들의 모습은 느헤미야 시대의 이스라엘 백성들의 삶의 고단함과 분명히 닮아 있습니다.

"우리가 이같이 공사하는데 무리의 절반은 동틀 때부터 별이 나기까지 창을 잡았으며 그때에 내가 또 백성에게 말하기를 사람마다 그 종자와 함께 예루살렘 안에서 잘지니 밤에는 우리를 위하여 파수하겠고 낮에는 일하리라 하고 나나 내 형제들이나 종자들이나 나를 따라 파수하는 사람들이나 우리가 다 우리의 옷을 벗지 아니하였으며 물을 길으러 갈 때에도 각각 병기를 잡았느니라"(느 4:21-23).

하지만 원수들의 위협과 조롱 속에서도 흔들리지 않는 믿음과 용기를 가지고 두 배, 세 배의 영적 싸움에 적극 임하는 하나님의 백성들에게는 하나님이 결단코 놀라운 승리를 주실 것을 확실히 믿습니다.

문제 해결의 지혜, 손쉬운 왕도는 전혀 없습니다. 단지 믿음과 용기를 가지고 물러서지 않으며, 갑절의 수고와 노력을 쏟아붓는 길 외에는 방법이 없습니다. 믿음의 백성들이 쌓아올리는 성벽이 완성되기까지 하나님이 도와주실 것을 믿고 전진할 뿐입니다.

Be filled with God's Wisdom

7. 거룩한 대안을 제시하는 지혜

Wisdom of Holy Counterpunch

"청하오니 당신의 종들을 열흘 동안 시험하여 채식을 주어 먹게 하고 물을 주어 마시게 한 후에 당신 앞에서 우리의 얼굴과 왕의 음식을 먹는 소년들의 얼굴을 비교하여 보아서 당신이 보는 대로 종들에게 행하소서 하매 그가 그들의 말을 따라 열흘 동안 시험하더니 열흘 후에 그들의 얼굴이 더욱 아름답고 살이 더욱 윤택하여 왕의 음식을 먹는 다른 소년들보다 더 좋아 보인지라 그리하여 감독하는 자가 그들에게 지정된 음식과 마실 포도주를 제하고 채식을 주니라"(단 1:12-16).

하나님의 지혜를 구하며 기도하시는 모든 성도들에게 한 해를 살아가기에 꼭 필요한 지혜를 하나님이 부어주시고, 기도의 불길이 계속 타오르게 되는 은혜를 주실 줄로 믿습니다. 이 장에서는 소년 다니엘이 가지고 있었던 삶의 지혜를 함께 배우고자 합니다.

예수님을 믿는 사람들이 세상 속에서 살아갈 때 이 세상의 질서와 신앙인의 삶의 가치관이 충돌할 때가 많습니다. 성경의 가르침과 하나님의 뜻을 따르자니 세상이 허락하지 않고, 세상의 법칙을 따르자니 신앙의 양심에 허락되지 않는 일들이 종종 있지 않습니까?

세상의 길이라고 해서 무조건 불순종하고, 항거하고, 싸우는 것이 잘하는 것일까요? 장애물이 있다고 해서 다 부딪치면서 살 필요는 없습니다. 그렇다면 지혜가 부족한 것입니다. 그렇다고 신앙의 양심을 버리고 세상 속에서 적당히 타협하며 섞여 살면 되는 것일까요? 그러면 우리는 성도의 정체성을 잃어버릴 수밖에 없습니다.

그래서 다니엘과 세 친구들이 가진 지혜가 이 세상 속에서 살아가는 성도들에게 필요하다고 봅니다. 그것은 곧 거룩한 대안을 제시하는 것입니다.

이스라엘 남유다가 멸망하고, 이스라엘 백성들 중에서 쓸 만한 사람들은 모두 바벨론 왕, 느부갓네살에게 포로로 잡혀갔습니다.

왕의 식탁에 올라갔던 진미는 우상에게 바쳐진 제물이요 왕의 권세에 복종한다는 상징이요 이 세상의 질서를 따라서 살도록 강요된 상황에 꺾이는 것이기 때문에 성도들이 거부할 수밖에 없는 조건이었습니다.

그렇다고 왕궁에 왕립 장학생으로 발탁된 청년들이 무조건 항거하고, 뿌리치고 나올 수도 없지 않습니까?

우리도 이 세상에서 원치 않는 상황 속에서 살아가게 될 때가 많습니다. 그리스도인이 세상에서 싸움꾼으로 살아갈 수도 없고, 그렇다고 맥없이 패배주의 속에서 살아가는 것은 더욱 용납할 수 없습니다. 이때 우리는 도대체 어떻게 해야 하겠습니까?

바로 그런 상황 속에서 다니엘과 같은 창의적이고, 거룩한 대안을 가지고 살아가는 하나님의 백성들이 되어야 할 줄로 믿습니다.

왕궁에서 살면서 왕의 진미를 거부하면, 굶어 죽을 수도 있고, 장학생들을 관리하는 감독관에게 찍히면 얼마나 곤란하겠습니까?

그럴 때 하나님의 사람들에게 용기와 믿음이 있어야 합니다. 그리고 창의적 대안을 제시해야 합니다. "고기를 먹지 않고 채소만 먹어도 아무 문제가 없으면 계속 허락해 주십시오!"

아니, 그때 벌써 채식이 효과가 있다는 것을 어떻게 알았을까요? 하나님이 주신 지혜입니다. 우리의 삶 속에서도 하나님의 지혜를 의지하면 상식의 한계를 넘어설 수 있습니다. 이 세상의 법칙을 따르지 않아도 더 아름답고, 지혜로운 삶을 살아가게 될 줄로 믿습니다.

우리에게도 이와 같은 창조적인 대안을 가지고 살아가는 지혜가 있어야 합니다. 우상에게 바쳐진 고기를 먹어야 건강하다고 생각하는 사람들에게 채소를 먹어도 건강하고, 아름답고, 지혜가 충만할 수 있다는 것을 보여주는 믿음의 백성들이 되시기를 축원합니다.

사업을 하면서, 직장에서 일하면서 세상의 얄팍한 방법, 정의롭지 못한 길, 남들이 다 하니까 우리도 할 수 있다며 타협하기를 거부하는 믿음의 자세가 바로 거룩한 대안을 제시하는 지혜라고 믿습니다.

에스더의 경우도 마찬가지였습니다. 아하수에로 왕 시대에 이스라엘 민족이 하만의 미움을 받아서 몰살을 당할 수밖에 없는 위기가 닥쳤습니다.
결국 유대인들이 세상의 길과 다른 길을 갔기 때문에 생긴 일입니다. 세상의 생활 방식과 가치관에 타협하고 굴복하면서 살았다면 이런 위기를 당하지 않았을 것입니다. 왜 믿음의 가치관을 지키고, 자존심을 지키다가 목숨까지 위협을 당하는 것입니까?
에스더가 자기 민족의 생존 문제를 놓고 기도했고, 이로 인해 자기 자신을 위험에 빠뜨린다 해도 타협하지 않았던 용기와 믿음에서 창조적인 방법들이 나올 수 있었다고 봅니다.

예수님을 믿는 것은 변화의 물결 속에 들어가는 것입니다. 예수 그리스도 안에서 경험하는 변화는 결국 세상과 우리가 구별되는 것을 말합니다.
예수님을 믿기 전에는 세상 속에서, 세상 사람들과 다를 바 없는 생각과 가치관, 마음과 생활 방식으로 살았지만 예수님과 동행하면 마음이 달라지고, 생각이 달라지고, 언어가 달라지고, 생활 방식이 달라집니다. 그러니까 결국은 세상이 '너희는 우리와 다르다' 하고 알아봅니다. 이는 사실입니다.

성도의 입장에서는 두려운 일일 수 있습니다. 겁이 날 수 있습니다. 불이익을 당할 수도 있습니다. 위협을 당하는 상황 속에서 우리는 그 다름이 바로 거룩함이라는 사실을 알아야 합니다. 세상 사람들에게, 믿지 않는 사람들에게 거룩한 대안을 보여주고, 더 귀하고 가치 있는 삶을 살고 있다고 인정받게 하시는 하나님의 승리가 나타날 줄로 믿습니다.

에스더가 아하수에로 왕 앞에 나선 것은 목숨을 건 모험이었고, 왕의 마음을 얻은 후에 하만을 불러다가 잔치를 베풀고 싶다고 한 것은 놀라운 지혜였습니다. 왕비가 왕의 정치적인 결정과 권한과 통치 행위에 섣불리 간섭하고 나서면 오히려 큰 문제를 일으킬 수 있었기 때문입니다.

왕비가 왕비로서의 역할을 지키면서 왕의 사랑을 받는 존재로서 왕이 가장 신임하는 하만을 무너지게 만드는 지혜를 사용했다면 우리도 세상 속에서 얼마든지 하나님의 백성을 위협하는 존재들을 물리치는 하나님의 지혜를 사용할 수 있을 것이라고 믿습니다.

기도하실 때에 개인의 삶에서 다니엘과 같이, 에스더와 같이 세상의 길을 따르지 않음에도 불구하고 오히려 세상 사람들보다 더 탁월하고, 아름답고, 인정을 받는 삶을 살아갈 수 있는, 거룩한 대안의 지혜를 구하시기 바랍니다.

'선교적인 교회의 10가지 특징'(Ten Marks of Missional Church) 가운데 한 가지는 세상의 문화와 전혀 다른 차별성을 보여주어야 한다는 것입니다.

참 이상합니다. 교회가 세상을 따라 하면, 세상을 흉내 내고 닮아가면 복음 전도가 될 것 같은데 그렇지 않다는 것입니다. 만일 교회가 어설프게 세상의 문화와 삶의 방식을 흉내 낸다면 뭐하러 교회에 오겠습니까?

교회에서 연극을 하고, 음악회를 하고, 춤을 추고, 방송을 제작하는 등 세상 사람의 방식을 따른다면 세상이 좋아할 것 같지만 세상은 거기에 만족하지 못합니다.

생각해 보십시오. 세상이 교회를 찾아가는 이유는 교회가 세상과 다르기 때문입니다. 교회가 세상과 비슷하다면 세상에서 더 뛰어난 재미를 보고 있지, 왜 굳이 교회로 가겠습니까?

물론 교회는 믿지 않는 사람들이 교회에 와서 너무 이질적이어서 불편하고, 견딜 수 없어 하는 것보다는 예수님을 믿는 사람들도 상식이 통하고, 친절하고, 믿을 만하다는 것을 보여줄 필요가 있습니다. 하지만 세상을 흉내 내서 어떻게 하겠습니까?

오히려 교회가 세상과 다름을 보여줘야 합니다. 그리고 그것을 통해서 복음을 전할 기회를 얻을 수 있습니다. 다니엘의 경우, 그리스도인의 차별성을 제대로 보여준 것이 효과를 발휘했다고 볼 수 있습니다.

세상과 다른 것을 드러낼 때 오히려 하나님의 영광이 나타나고, 하나님의 이름을 인정하게 되는 역사가 일어날 것입니다. 우리도 세상 속에서 쉽지 않지만 용기를 가지고 대안적 믿음의 행위를 보여주어야 합니다. "세상과 다르다. 예수 믿는 사람은 다르다" 하는 소리를 들을 수 있어야 합니다.

다니엘과 세 친구가 다른 이들과 차별성을 가지고 용감하게 전진했더니 하나님이 그들에게 뛰어난 지혜를 더해 주셨습니다. 게다가 느부갓네살 왕이 감동하고 찬송하는 일이 생겨났습니다.

한 해를 살면서, 또한 남은 생애를 살면서 이와 같이 하나님의 질서와 방법과 가치관을 따르시기를 바랍니다. 세상의 방법과 다르지만 오히려 더 인정을 받고, 믿지 않는 사람들의 마음속에 하나님을 두려워하면서 복음과 구원 가운데로 들어오게 하는 이 일을 위하여 쓰임 받는 성도들이 되시기를 축복합니다.

Be filled with God's Wisdom

Wisdom of Avoiding Idolatry
8. 우상을 물리치는 지혜

"그러므로 형제들아 내가 하나님의 모든 자비하심으로 너희를 권하노니 너희 몸을 하나님이 기뻐하시는 거룩한 산 제물로 드리라 이는 너희가 드릴 영적 예배니라"(롬 12:1).

기도의 동역자로 함께해 주시는 모든 성도들에게 감사를 드립니다. 기도와 불은 공통점이 있습니다. 불은 한번 붙이기가 힘들지 일단 붙으면 잘 탑니다. 불은 나누면 힘이 약해지고 모으면 강해집니다. 기도하는 사람도 혼자서는 열심히, 힘내서 기도하기가 쉽지 않은데 두세 사람이 모이고, 열 사람이 모이면 기도 소리가 달라지고, 100명이 모여서 기도하면 기도의 위력이 대단합니다.

예수님도 제자들과 함께 기도하셨습니다. "나와 함께 깨어서 기도하라!" 하고 부탁하셨습니다. 예수님도 기도하실 때 동반자, 기도의 동역자가 필요하셨습니다. 힘을 얻기 위해서였습니다. 이는 예수님이 제자들에게 기도를 가르치신 방법이었습니다.

우리도 예수님과 함께 기도하며, 기도를 배우고 있습니다. 또 다른 믿음의 형제와 자매들을 기도의 자리로 초청하십시오.

초대교회 120명의 제자들이 모여서 기도하는 자리에 성령께서 강림하시고, 권능이 나타나기 시작했습니다. 복음 전도가 훼방을 받고, 사도들이 예수님의 이름을 전할 때 핍박을 받았어도 교회가 함께 모여 기도했더니 모인 곳이 진동했습니다.

하나님이 우리의 기도를 들으사 우리의 마음을 진동시키시고, 모인 곳을 진동시키시고, 우리가 살고 있는 땅을 진동시키시는 역사가 일어나기를 소원합니다.

솔로몬은 왕이 되어서 제일 먼저 간절하게 갈망한 것이 하나님의 지혜였습니다. 우리 모두에게는 하나님의 지혜가 필요합니다.

공부하는 학생들에게만 지혜가 필요한 것이 아닙니다. 이 시대를 살아가는 성도들, 힘한 세상 속에서 살아가는 모든 그리스도인들에게는 구체적이고, 실제적인 하나님의 지혜가 너무너무 필요합니다. 그러므로 하나님께 지혜를 구하시기 바랍니다.

한국에서 성도들에게 '듣고 싶은 설교'에 대하여 물었습니다. 삶에 구체적으로 적용할 수 있는 말씀을 듣고 싶다는 조사결과를 보고 저는 도전을 받았습니다. 목회자들의 '어떤 설교를 하기 원합니까?'라는 질문에 대한 답변과 성도들의 '어떤 설교를 듣고 싶습니까?'라는 질문에 대한 답변이 달랐습니다.

목회자가 하고 싶은 설교도 중요합니다. 설교는 선포입니다. 하나님의 말씀을 전달하는 것입니다. 하지만 성도들의 입장에서는 자신의 삶의 구체적인 상황 속에서, 그에 맞는 실제적인 말씀을 하나님께 기대하고 있기 때문에 설교자로서 성도들의 영적인 필요에도 초점을 맞출 필요가 있겠다는 생각이 들었습니다.

우리 삶의 상황과 우상 숭배는 서로 상관이 있을까요? 인류 역사 속에서 우상이 존재하지 않은 적은 한 번도 없었습니다. 우리를 둘러싸고 있는 우상의 존재는 수없이 많고, 모든 사람들이 끊임없이 우상의 유혹 가운데 살아갈 수밖에 없습니다.

우상이란 다른 종교와 사람의 손으로 만들어놓은 금송아지만을 의미하는 것이 아닙니다. 하나님 외에 하나님의 자리에 올라가 있는 모든 것이 우상이고, 우리가 하나님만을 사랑하는 것에 방해가 되고, 장애물이 되는 모든 것이 우상입니다.

"우리가 언제 우상을 섬겼습니까?" 하고 묻는 사람이 있을지 모르겠습니다. 그러나 교회 다니는 사람들에게 우상은 물질이고, 자기중심적인 생각이고, 때로는 지나치게 사랑하는 자녀일 수 있습니다. 건강한 취미라고 생각하는 운동이나 여행, 직장이나 사업에 매진하는 성실한 삶 등 만약 무엇이든 하나님처럼 나의 삶을 지배하고 있다면 그것을 일단 우상으로 인정하는 솔직함이 있어야 합니다.

우상 숭배에서 떠나야 할 이유는 많이 있지만 두 가지만 생각해 보겠습니다. 첫째, 우상은 아무 효력이나 능력이 없는 사람의 손으로 만든 조각품에 불과합니다. 그래서 이사야는 우상을 땅 속이나 동굴 속에 있는 지저분한 짐승들에게나 던져버리라고 했습니다.

"사람이 자기를 위하여 경배하려고 만들었던 은 우상과 금 우상을 그날에 두더지와 박쥐에게 던지고"(사 2:20).

모든 우상은 헛된 것이니, 우상에게 기대했다가 결국에는 실망할 수밖에 없으니까 우상을 피하라고 말한 것입니다.

"너희는 인생을 의지하지 말라 그의 호흡은 코에 있나니 셈할 가치가 어디 있느냐"(사 2:22).

사사기에 보면, 기드온 사사는 집 안에 있던 우상을 담대한 믿음으로 베어버렸습니다. 온 집안 식구들이 두려워 떨었던, 혹은 행여나 이방 족속들이 호의적으로 여겨주리라 생각했던 얄팍한 기대를 완전히 포기한 것입니다.

사무엘상 5장을 보면, 엘리 제사장 시대에 이스라엘이 전쟁에서 법궤를 빼앗기는 장면이 나옵니다. 그것을 아스돗 사람들이 가져다가 다곤 신전에 두었는데 아침에 일어나 보니 다곤 신상이 여호와의 법궤 앞에 고꾸라져 있었습니다. 아스돗 사람들이 다시 세워놓아도 자꾸만 여호와의 법궤 앞에 고꾸라지는 현상이 일어났습니다.

엘리야의 시대에 바알과 아세라 선지자들은 갈멜 산 위에서 하루 종일 기도하고, 소리 지르고, 자기네 신을 찾았지만 제단 위에 불길은커녕 아무 일도 벌어지지 않았습니다.

성경은 끊임없이 우상이 헛된 것이라고 말씀합니다. 사람의 손으로 지은 신에게 절하고, 뭔가를 기대하는 것이 얼마나 어리석은 일인지 말해 주어도 여전히 사람들은 우상에게 달려갑니다. 그 이유가 무엇일까요?

연약한 인간들에게는 물에 빠진 사람이 지푸라기라도 잡는다고, 뭐든지 잡고 의지해 보려는 약한 마음이 있습니다. 이렇게 허무하고, 허전하고, 의지할 데가 없어서 아무 우상이라도 덥석덥석 잡고자 하는 것입니다. 그런 우리에게 필요한 지혜는 무엇일까요? 우상의 헛된 것을 분명히 바라보는 냉철한 지각이 필요합니다.

다니엘 시대에 바벨론 왕은 금 신상에 절하도록 명령했습니다. 그러나 다니엘은 눈에 보이지 않으시는 하나님이 더 크신 것을 알고, 믿었기 때문에 자기 목숨이 위험해도 우상에게 절하지 않았습니다.

그러자 나중에 다리오 왕이 사자 굴에 들어간 다니엘을 건지시고, 굶주린 사자의 입을 막으신 것이 살아 계신 여호와 하나님이시라며 그를 인정하고 칭찬해 주었습니다. 오직 하나님만 경배하고 찬양했습니다.

우상은 아무 도움이 되지 않습니다. "우리의 도움은 오직 여호와께로다!"라는 확고한 믿음과 지식이 우상을 물리치는 지혜가 될 줄로 믿습니다.

둘째, 우리는 우상 숭배에서 떠나 하나님의 상급과 약속이 얼마나 풍성하고, 또한 확실한지를 믿음으로 바라보아야 합니다.

"육체의 일은 분명하니 곧 음행과 더러운 것과 호색과 우상 숭배와
주술과 원수 맺는 것과 분쟁과 시기와 분냄과 당 짓는 것과 분열함과

이단과 투기와 술 취함과 방탕함과 또 그와 같은 것들이라 전에 너희에게 경계한 것같이 경계하노니 이런 일을 하는 자들은 하나님의 나라를 유업으로 받지 못할 것이요"(갈 5:19–21).

하나님 나라를 유업으로 받으려면 우상을 버리고, 하나님을 선택해야 합니다. 우상은 전혀 도움이 되지 않습니다. 우상 숭배로 인하여 하나님 나라의 유업을 받지 못한다면 얼마나 안타깝고, 어리석은 일입니까? 우상 숭배에서 벗어나기 위해서는 하나님 나라의 유업이 얼마나 가치 있는 것인지 알아보는 지혜가 있어야 합니다.

텔레비전 방송 중에 전문가들이 골동품, 미술작품 등 여러 가지 다양한 수집품들의 가치를 알려주는 프로그램이 있습니다. 〈진품명품〉이라는 이름의 프로그램입니다.

할아버지가 사서 다락방에 넣어두신, 먼지가 수북이 쌓인 그림이나 도자기 같은 것이 전문가의 감정을 통해 수천만 원, 수억 원짜리가 되기도 합니다.

하지만 만일 100년, 200년 된 골동품이 아니고, 지금 어디서 누군가가 얼마든지 만들어낼 수 있는 가짜라면 어떨까요? 그런 물건은 아무런 가치가 없다고 판정이 나기도 합니다.

우상 숭배의 결과는 아무런 가치가 없다는 것입니다. 진품명품이라면 아무리 먼지 속에 굴러다니던 도자기 하나라도 말할 수 없이 소중한 가치가 보존되어 있는 것입니다.

영국의 어떤 부부는 50년 전에 선물로 받은 키가 꽤 큰 도자기를 어디에 쓸까 생각하다가 우산꽂이로 사용했습니다. 그런데 우연히 그 도자기의 가치를 감정받았더니, 10억 원의 가치를 지닌 중국 황실의 유품으로 확인되었습니다.

만일 우산꽂이로 거칠게 사용하지 않았다면 20억 원 이상 받을 수 있는 명품이었는데, 물건을 제대로 알아보지 못해 많은 손해를 보았습니다.

그 도자기는 흰색 바탕에 청색으로 산수화가 그려져 있고, 아래에는 황제의 무늬가 새겨져 있으며, 위에는 황제를 위한 글귀가 적혀 있는 것으로, 대략 1790년대에 제작된 것으로 추정되었습니다. 전문가들은 이 도자기를 '당대 최고 수준의 작품'으로 평가했습니다.

하나님 나라의 가치를 알아볼 수 있는 눈이 열리시기를 축원합니다. 우리가 가진 믿음의 가치가 얼마나 귀하고, 하나님의 자녀가 되어서 하나님 나라를 유업으로 받는 것이 얼마나 귀한지 아는 사람들은 이 세상에서 잠시 누리는 영광을 그렇게 정신없이 찾지 않을 것이요 헛된 세상의 영광을 얻겠다고 아무런 도움도 되지 않는 우상에게 끌려가는 어리석음도 버릴 수 있을 것입니다.

  눈앞의 이익 때문에 타협하고, 거짓을 행하면 그 작은 이익이 우상이 되어서 하나님께 받을 신령한 축복을 빼앗아 갑니다. 그러므로 우리 모두 하나님 나라의 가치를 추구합시다. 정말 제대로 한번 수지를 맞으시기 바랍니다.
  예수님은 비유를 통해 천국을 바라보는 사람은 작은 진주를 다 팔아 버리고 가장 귀한 진주를 사는 사람이라고 말씀하셨습니다. 또한 밭에 묻힌 보화를 얻기 위해 가진 것을 다 팔아서 그 땅을 기어코 사는 사람이 천국을 차지하게 된다고 설명해 주셨습니다.

  '이민생활을 하고, 신앙생활을 하고, 지금 힘든데 내가 뭐하고 있는 것인가?', '세상에서, 가정과 직장에서 일하기도 바쁜데, 내가 지금 교회 나와서 뭐하고 있는 것인가?' 하고 생각하시는 분이 혹시 계십니까?
  세상의 가치만 바라보는 사람에게는 주일날 가게 문을 닫고, 쉬고, 교회에서 봉사하고, 예배하고, 신앙생활을 하는 시간과 물질과 정력이 다 낭비인 것처럼 보일 수 있습니다.
  그러면서 자기 나름대로의 우상에게는 얼마나 잘 가져다 바치는지 모릅니다. 우상 앞에 절하는 것은 아깝지 않고 하나님께 드리는 시간과 물질은 아까워하면 되겠습니까? 미안하지만, 대단한 계산 착오 속에

빠져 있다는 것을 아셔야 합니다.

우상에게 드릴 것을 하나님께 드릴 수 있는 정확한 계산법을 가진 믿음의 백성들이 되시기를 축원합니다. 이 세상에서는 소유한 것, 남긴 재산이 아무것도 없어도, 오직 하나님 나라의 유업을 얻기 위하여 가진 것을 다 베풀고, 나누어주고, 복음의 사명을 위해 헌신한 주님의 백성들에게는 하나님이 영원토록 누릴 하늘의 영광과 유업을 반드시 주실 것이라고 믿습니다.

"그러므로 형제들아 내가 하나님의 모든 자비하심으로 너희를 권하노니 너희 몸을 하나님이 기뻐하시는 거룩한 산 제물로 드리라 이는 너희가 드릴 영적 예배니라"(롬 12:1).

하나님께 나의 모든 것을 드리면 하나님이 우리를 받으시고, 하나님 나라의 유업으로 우리에게 갚아주실 것을 확실히 믿습니다.

무엇이 우상 숭배입니까? 하나님보다 더 사랑하는 것이 우상입니다. 우리의 최대 우상은 나 자신입니다. 그래서 "너희 몸을 하나님이 기뻐하시는 거룩한 산 제물로 드리라"라고 사도 바울은 말했습니다. 자기 자신이라는 우상을 깨뜨려버립시다.

무엇이 우상 숭배입니까? 하나님을 사랑하는 것을 훼방하고, 장애물이 되는 모든 것이 우상입니다. 우리 삶 구석구석에 도사리고 있는 우상들을 다 이겨내고, 오직 하나님만 뜨겁게 사랑하며 섬기는 믿음의 사람들이 되시기를 축원합니다.

말할 수 없이 소중하고, 비교할 수 없이 놀랍고 영원한 가치를 지닌 하나님 나라를 유업으로 얻게 될 줄로 믿습니다.

Be filled with God's Wisdom

9. 영적 건강을 유지하는 지혜
Wisdom of Keeping Spiritual Health

"망령되고 허탄한 신화를 버리고 경건에 이르도록 네 자신을 연단하라 육체의 연단은 약간의 유익이 있으나 경건은 범사에 유익하니 금생과 내생에 약속이 있느니라"(딤전 4:7-8).

많은 사람들이 하는 새해 결심 중에 하나는 '살을 빼자', '건강을 위해 운동을 하자' 입니다. 그래서 연초가 되면 등산로에 더 많은 사람들이 산을 오르고, 헬스클럽이 북적입니다. 그러나 어떻습니까? 한 달도 못 되어서 헬스클럽 안에 사람들은 줄어들고, 그와 더불어 체중도 줄지 않는 경우가 많습니다.

"건강은 건강할 때 지키라"라는 것을 우리는 잘 알고 있습니다. 자기 몸을 잘 지키는 것도 성도들의 사명입니다. 우리의 육신을 성령의 전으로 삼으신 하나님이 주신 건강의 선물을 잘 지키는 것은 옳은 일입니다. 하지만 영적인 건강은 더 중요하다고 본문인 디모데전서는 말씀하고 있습니다.

"육체의 연단은 약간의 유익이 있으나 경건은 범사에 유익하니"(딤전 4:8).

육체의 건강이 얼마나 중요합니까? 건강해야 공부도 하고, 건강해야 사업도 하고, 건강해야 주님을 위한 섬김의 사명도 더 많이 감당할 수 있습니다.

사도 바울은 사실 건강에 문제가 많았습니다. 외모가 별로 잘생긴 사람도 아닌 데다, 안질도 있었고, 간질도 있었고, 그 외에도 건강에 약점이 많았습니다. 따라서 의사 누가가 선교 사역에 항상 동반자로 다니면서 건강을 챙겨주어야 할 만큼 육체적으로 약점이 많았습니다. 그렇다고 하나님의 일을 다 못한 것은 아닙니다. 그래서인지 경건의 훈련이 더 중요하다고 강조하고 있습니다.

요즘 우리는 건강 장수의 시대를 살고 있습니다. 그런데도 여전히 많은 사람들의 건강에 대한 관심과 노력을 보면 참 대단하다는 생각이 듭니다.

우선 병원과 의사들이 많습니다. 약사, 간호사보다 의사가 더 많은 것 같고, 병원이 많이 보입니다. 건강보조식품을 많이 판매합니다. 비타민, 무릎 관절약, 암 치료제, 산삼에 이르기까지 몸에 좋은 식품들에 대한 광고가 텔레비전, 라디오, 신문 등 곳곳에서 쏟아져나옵니다.

그 외에도 운동기구, 헬스클럽, 건강에 도움을 주는 각종 기구의 판매와 건강에 좋은 음식 등 건강과 관련된 사업이 얼마나 많은지 모릅니다. 그만큼 수요가 있고, 사업이 된다는 뜻입니다. 또한 그만큼 우리가 육체의 건강을 위하여 많은 시간과 노력과 물질을 사용하고 있다는 증거이기도 합니다.

육체의 건강을 챙기는 것은 나쁘지 않습니다. 하지만 '영적인 건강을 위해서도 그만큼의 수고와 노력을 기꺼이 쏟아붓고 있는가?'에 대해서는 스스로 좀 생각해 볼 필요가 있습니다.

> "망령되고 허탄한 신화를 버리고 경건에 이르도록 네 자신을 연단하라 육체의 연단은 약간의 유익이 있으나 경건은 범사에 유익하니 금생과 내생에 약속이 있느니라"(딤전 4:7).

바울은 "경건에 이르도록 자신을 연단하라!" 하고 말했습니다. 경건이란 하나님을 닮는 것, 하나님의 성품을 닮아 변화되는 우리 신앙의 높은 목표를 말하는 것입니다. 육신으로 치면 '9988' 하려고, 즉 99세까지 88(팔팔)하게 살려고, 얼마나 건강하기 위해 노력하십니까?

연단이란 훈련, 연습, 갈고닦는 것을 말합니다. 연단이라는 단어의 뜻을 이해할 필요가 있습니다. 주방에서 주부들이 칼질을 할 때 연습하고, 반복 또 반복해서 능숙하게 칼을 쓰게 되지 않습니까? 서투른 목수는 못 하나 제대로 박지 못하지만, 능숙하게 연단받은 목수는 척척 못을 잘 때려 박습니다.

이와 같이 신앙생활과 경건생활에 있어서 연단을 통하여 연습하고, 훈련하여 칼에 능숙한 요리사와 같이, 망치와 톱질에 능숙한 목수같이 신앙생활을 능숙하게 할 수 있도록 연습하는 것은 범사에 유익합니다.

신앙생활을 건강하고 튼튼하게 만드는 훈련에는 무엇이 있을까요?

첫째, 영양 공급으로, 하나님의 말씀을 공급받아야 합니다. 건강한 육체를 만들기 위해서는 적절한 영양분을 섭취해야 하듯이, 하나님의 말씀이 공급되지 않으면 우리의 영혼이 어떻게 힘을 얻고, 건강해질 수 있겠습니까? 신앙생활을 오래 해도 성경을 모르면, 성경 말씀이 끊임없이 공급되지 않으면 영적으로 건강해질 수 없습니다.

올해는 적어도 1독 이상을 하자고 결단하십시오. 성경을 읽고, 공부하고, 묵상함으로 계속해서 달고 오묘한 말씀에 대한 갈망이 채워질 수 있기를 축원합니다.

둘째, 영혼의 호흡으로, 기도의 훈련과 연습입니다. 우리가 특별새벽기도회를 하는 이유는 기도의 맛을 좀 보시라는 뜻에서입니다. 특별새벽기도회 기간이 끝나는 날만 기다리는 게 아니라 기도회가 끝나지 않고 계속되기를 사모하시기를, 신선한 아침 공기, 새벽 제단의 기도의 비밀한 기쁨을 맛보시게 되기를 축원합니다.

운동도 숨을 잘 쉬어야 할 수 있습니다. 호흡이 중요한데, 영혼의 호흡, 기도를 통해 경건의 훈련을 연습해야 합니다. 충분한 호흡을 통해 성령 충만을 경험하게 되시기를 축원합니다.

셋째, 육체의 근육을 단련하듯이 영적인 근육을 단련해야 합니다. 영이신 하나님과의 영적인 교제와 섬김의 삶, 신앙이 삶으로 연결되는 경건한 삶이 우리의 영혼을 튼튼하게 만듭니다.

"이를 위하여 우리가 수고하고 힘쓰는 것은 우리 소망을 살아 계신 하나님께 둠이니 곧 모든 사람 특히 믿는 자들의 구주시라"(딤전 4:10).

'이를 위하여 우리가 수고하고 힘쓴다' 라고 성경은 말씀합니다. 신앙은 보이지 않는 세계 속에만 갇혀 있는 것이 아니고, 보이는 세계, 만져지는 삶 속에 반영되어 나타납니다.

조지 뮬러에게 "어떻게 고아들의 아버지로 살 수 있었습니까?" 하고 묻는다면, 아마 그는 예수 그리스도를 믿는 믿음이 행위로 드러난 것이라고 대답할 것입니다.

  테레사 수녀에게 "어떻게 캘커타의 하층민과 행려병자들을 돌보는 삶을 평생 살 수 있었습니까?" 하고 묻는다면 예수 그리스도를 섬기는 신앙을 삶으로 실천했을 뿐이라고 대답할 것입니다.

  "경건에 이르기를 연습하라"(딤전 4:7, 개역한글)라는 말씀에서 '연습'은 실제로 행하는 것을 말합니다. 예수님의 경건을 한번 돌아봅시다. 예수님은 이스라엘 백성들의 전통을 따라서 12세가 되시기 전에 모세오경은 물론이요 이사야서 말씀, 하나님의 말씀으로 충분한 훈련을 받으셨습니다. 공생애를 시작하실 때에도 하나님의 말씀으로 마귀의 시험을 이기셨을 뿐 아니라 산상수훈의 가르침을 베푸실 때는 구약 율법의 재해석과 완성의 말씀을 주셨습니다. 하나님의 말씀에 대한 능숙함과 통찰력이 아니고는 나올 수 없는 진리의 말씀이 구약 성경을 바탕으로 펼쳐진 것입니다.

  기도의 삶도 마찬가지입니다. 예수님은 하나님의 아들이시면서 아버지 하나님과 새벽마다, 중요한 일이 있을 때마다 끊임없이 대화하셨고, 만남의 시간을 가지셨습니다. 제자들을 데리고 다니시면서 기도의 훈련을 시키셨습니다.

  그리고 하나님의 성품을 드러내는 행위를 계속해서 보여주셨습니다.

"내 아버지께서 이제까지 일하시니 나도 일한다"(요 5:17) 하고 말씀하셨고, "나를 본 자는 아버지를 보았거늘 어찌하여 아버지를 보이라 하느냐"(요 14:9) 하고 말씀하셨습니다. 계속 실천에 옮기셨습니다.

예수님은 말씀의 현실이시며, 보이지 않으시는 하나님의 형상으로서 우리에게 참사랑이신 하나님을 대신 보여주셨습니다. 우리는 이제 이 세상에서 하나님을 닮은 경건을 보여주고, 예수님이 보여주신 길을 구체적으로 걸어가는, 믿음의 능력을 나타내는 삶을 살아야 할 줄로 믿습니다.

예수님의 가르침을 가장 깊이 이해했던 야고보 사도는 "행함이 없는 믿음은 그 자체가 죽은 것"(약 2:17)이라고 했습니다.

> "하나님 아버지 앞에서 정결하고 더러움이 없는 경건은 곧 고아와 과부를 그 환난 중에 돌보고 또 자기를 지켜 세속에 물들지 아니하는 그것이니라"(약 1:27).

세상의 많은 사람들은 예수님께 하나님을 보여달라고 했던 것처럼 우리에게 예수님을 보여달라고, 하나님을 보여달라고 요청하고 있습니다. 따라서 경건의 모양으로는 충분하지 않습니다. 경건의 능력을 나타낼 수 있어야 합니다.

> "너는 이것을 알라 말세에 고통하는 때가 이르러……경건의 모양은

있으나 경건의 능력은 부인하니 이 같은 자들에게서 네가 돌아서라"

(딤후 3:1, 5).

말세에는 경건의 모양만 있고 경건의 능력은 없는 신자들이 많아질 것이라며 경계하셨습니다. 그러므로 우리는 하나님 아버지 앞에서 정결하고 더러움이 없는 경건을 가져야 합니다. 세속에 물들지 않고, 고아와 과부를 돌보는 등의 행위를 통해 하나님을 보여주고, 예수님이 가신 길을 한 걸음 한 걸음 따라감으로써 경건의 능력을 나타내야만 합니다. 이처럼 하나님을 닮아가는 삶이 구체적으로 이루어지는 삶이 될 수 있기를 바랍니다.

영화 〈레미제라블〉을 봤습니다. 프랑스 혁명 이전의 혼란기를 살았던 가난하고 비참한 사람들의 모습을 그린 소설을 뮤지컬로, 영화로 만든 작품입니다. 우리는 장발장이라는 주인공에 대하여 많이 들어보았습니다. 굶주림을 이겨보려고 빵 한 조각을 훔쳤다가 19년 동안 감옥살이를 한 장발장은 출소 후에도 전과자라는 이유로 천대를 받았고, 하룻밤 묵을 곳도 없어 전전했습니다. 그때 한 신부님이 성당에서 하룻밤 재워주시고, 밥도 먹여주셨습니다.

장발장은 그 은혜를 모르는 채 성당의 은그릇들을 훔쳐 도망가다 잡혀 왔습니다. 그러나 신부님은 "은그릇은 제가 준 것입니다. 여기 은촛

대도 가져가라고 했는데 왜 두고 갔습니까?" 하고 진심 어린 용서를 베풀었고, 죄를 덮어주는 사랑을 보여주었습니다. 이로 인해 인간이 변화를 일으키기 시작했습니다.

19년 동안의 감옥에서의 삶이나 자베르 형사의 끈질긴 정죄, 감시, 법과 정의의 행사에도 변할 줄 몰랐던 장발장의 인생이 예수님을 닮은 한 신부님의 사랑과 용서 때문에 변화된 모습을 극명하게 보여줍니다.

이 영화를 보고 난 후 며칠이 지났는데 아직까지도 그 감동이 쉽게 식지 않고, 계속 마음속을 맴돕니다. 공평과 정의를 외치는 이 영화는 한국에서도 큰 인기를 끌었습니다. 이 영화는 공평과 정의, 세상을 바꾸는 변화와 혁명을 기대했지만 만족하지는 못하는 사람들의 허전함을 대신 위로해 준다고 합니다.

그 속에 하나님의 용서와 사랑의 메시지가 들어 있어서 얼마나 다행이고 감사한지 모릅니다. 정말 감동적인 영화입니다. 경건은 이렇게 힘이 있습니다. 감옥이 못 바꾸고, 법과 정의가 변화시키지 못하는 사람의 마음과 생각과 인생을 바꾸는 힘, 그것이 바로 경건의 능력입니다.

예수님은 많은 인생을 새롭게 하셨고, 우리를 새롭게 하셨습니다. 우리가 주님을 닮아갈 수 있도록 문을 열어놓으신 그 경건의 길을 따라가는 성도들이 다 되시기를 축원합니다.

Be filled with God's Wisdom

10. 공동체를 든든히 세우는 지혜
Wisdom of Building Strong Community

"욥바에 다비다라 하는 여제자가 있으니 그 이름을 번역하면 도르가라 선행과 구제하는 일이 심히 많더니"(행 9:36).

어떤 신학자는 "사람이 결코 혼자 할 수 없는 것이 있는데, 그것은 결혼생활과 신앙생활이다"라고 했습니다. 사람이 혼자라는 것은 얼마나 약하고, 불완전합니까? 꼭 결혼이 아니더라도 가정이라는 공동체는 우리의 인격과 정서, 건강과 안전을 지켜줍니다.

요즘 한국에는 1인 가정이 점점 증가하고 있습니다. 젊은이들이 결혼하지 않고 혼자 살고, 가정이 해체되면서 뿔뿔이 흩어져 혼자 살며, 나이 든 분들이 가족의 돌봄을 받지 못해 혼자 사는 상황이 점점 많아지고 있습니다.

가정의 해체가 인간의 삶을 얼마나 힘들게 하고, 위험하게 하고, 나

뿐 아니라 남들까지 파괴하는 상처받은 인간을 만들어내는지 모릅니다. 그래서 가족은 무조건 함께 살아야 합니다.

신앙생활도 마찬가지입니다. 혼자서 건강한 신앙생활을 하기란 참 어렵습니다. 이민자들은 대개 고독과 외로움을 이기려고 교회를 찾고 신앙생활을 시작하는데, 교회라는 공동체가 그렇게 만만치 않아서 적응이 힘든 것이 사실입니다. 때로는 오히려 신앙생활에 방해가 되기도 합니다.

그러나 그럼에도 불구하고 건강하고, 안전하며, 나의 신앙을 더욱 아름답게 변화시켜줄 수 있는 교회를 끊임없이 찾아 헤매고 있지 않습니까?

예수님은 이스라엘 백성들을 보시며 목자 없는 양을 바라보시듯 안타까워하셨습니다. 그런데 요즘 신앙생활을 하는 성도들을 보면 어떻습니까? 목자 없이, 공동체 없이 헤매는 양 떼입니다.

그래서 '우리 갈보리믿음교회는 정말 안전한 신앙공동체, 양 떼가 안정되게 정착할 수 있는 공동체를 세우도록 힘써야 하겠다' 하는 사명감을 느끼게 됩니다. 그렇다면 어떻게 해야 신앙의 공동체를 든든하게 세울 수 있을까요? 본문인 사도행전 9장에는 도르가 또는 다비다라고 하는 여제자가 등장합니다.

"욥바에 다비다라 하는 여제자가 있으니 그 이름을 번역하면 도르가라 선행과 구제하는 일이 심히 많더니"(행 9:36).

하나의 공동체에서 한 사람의 여제자가 할 수 있는 일이 무엇이겠습니까? 공동체를 세우는 일은 힘 있는 사람이 잘할 것이라고 생각되지만, 사실 교회를 든든히 세우는 사람은 지식이 많은 사람이 아닙니다. 물질이 많은 사람이라고 해서 다 할 수 있는 것도 아닙니다. 다른 종류의 영향력이 아니라 선행과 구제하는 일을 많이 해야 합니다.

선행과 구제는 교회 밖을 향해서도 해야 하지만, 먼저는 교회 안에서 해야 합니다. 교회 안에도 선행과 구제를 필요로 하는 사람들이 많습니다. 사도행전 6장을 보면 교회의 선행과 구제가 교회 내의 고아와 과부의 가정들에게 베풀어졌음을 알 수 있습니다. 또한 사도 바울은 갈라디아서에서 이렇게 말했습니다.

"그러므로 우리는 기회 있는 대로 모든 이에게 착한 일을 하되 더욱 믿음의 가정들에게 할지니라"(갈 6:10).

일정한 나이와 자격이 있는 사람들의 명부를 작성하여 체계적으로 보살피는 일들이 교회 안에서 이루어졌습니다.

"과부로 명부에 올릴 자는 나이가 육십이 덜 되지 아니하고 한 남편의 아내였던 자로서 선한 행실의 증거가 있어 혹은 자녀를 양육하며 혹은 나그네를 대접하며 혹은 성도들의 발을 씻으며 혹은 환난당한 자들을 구제하며 혹은 모든 선한 일을 행한 자라야 할 것이요"(딤전 5:9-10).

교회 안에서 먼저 사랑하라는 것입니다. 예수님은 "너희가 서로 사랑하면 이로써 모든 사람이 너희가 내 제자인 줄 알리라"(요 13:35)라고 말씀하셨습니다.

그러므로 선행과 구제를 할 때 밖에 있는 사람만 생각하지 말고, 밖에다가 많이 퍼주어야 한다고 생각하지 말고 초대교회와 같이 교회 안에 섭섭한 사람, 아쉬운 사람, 상처 받은 사람이 없도록, 고독하고 쓸쓸하여 돌봄을 받아야 할 분이 없도록, 빠짐없이 사랑을 채워드릴 수 있도록 힘쓰는 우리가 되기를 바랍니다.

도르가가 할 수 있는 일은 가난한 과부들에게 겉옷과 속옷을 지어서 입혀주는 일밖에 없었습니다. 누구나 할 수 있는 쉬운 일 같지만, 그렇다고 모든 사람이 실제로 실천할 수 있는 것도 아닙니다. 외롭고 가난하며, 사랑이 필요한 성도들을 진심으로 사랑하는 마음이 있어야만 할 수 있는 사랑의 수고입니다.

그 사랑을 받는 사람은 속옷, 겉옷이라는 선물에만 감격하지 않습니다. 그 사랑의 마음 때문에 더욱 배부르게 되는 것입니다.

공동체를 세우는 사람은 바로 이런 사람입니다. 사랑의 마음으로 성도의 필요를 구체적으로 채워주는 공동체, 그런 공동체에 정말 필요한 사람, 고마운 사람들은 누구일까요? 모든 사람이 귀하지만, 자신의 힘으로 누구 한 사람이라도 돌보아주는 분들입니다.

사람이 살면서 누군가에게 고맙다는 소리를 들을 수 있는 것이 행복이라고 하지 않습니까?

한 중국집 배달원이 있었습니다. 그분은 배운 것도 많지 않고, 인생의 굴곡과 아픔도 경험하고, 감옥에 다녀온 어두운 경험도 있었지만 자기가 가진 힘으로, 자기와 똑같이 사랑과 관심을 애타게 기다리고 있는 고아원 아이들에게 후원을 했습니다.

그런 봉사의 삶이 하도 아름다워서 방송에 소개되었고, 대통령에게도 초대를 받아서 청와대에서 칭찬을 받았습니다. "왜 그렇게 하셨습니까?" 하는 질문에 그는 "저도 누군가에게 고맙다는 소리를 들을 수 있다는 것이 기뻤습니다. 보람이 있었습니다" 하고 대답했습니다.

우리도 신앙생활을 하면서 다비다와 같은 믿음의 삶을 살아야 하지 않겠습니까? 공동체의 구성원들이 항상 고마워하는 사람, 없으면 너무 허전하고, 아쉽고, 절대 죽지 말았으면 하는 사람이 바로 다비다였습니다. 다비다에게 사랑받은 사람들이 교회에 어찌나 많았던지 모든 성도들이 참을 수 없는 안타까움으로 그녀를 다시 살려달라고 하나님께 매달렸습니다. 마침 베드로 사도가 방문했을 때 너도나도 매달려 호소하면서 그녀가 다시 살아나도록 기도해 달라고 부탁했습니다. 그리고 놀라운 소생의 기적이 일어났습니다.

우리도 교회 안에서 이렇게 서로 소중하게, 감사하게, 없어서는 안 될 사람으로 인정받는 삶을 살기를 원합니다.

반드시 많은 일을 하고, 남에게 무엇을 만들어주고, 선물하고, 봉사해야만 하는 것은 아닙니다. 성경을 보면 공동체를 살린 사람들의 공통점이 있습니다. 그들은 한결같이 자기를 희생했습니다. '나를 주는 사람' 입니다. 자신보다 공동체를 더 사랑하고, 개인보다 공동체를 위하여 섬기는 사람입니다. 그런 사람은 모든 사람들이 아끼고 소중하게 여깁니다. 교회 안에 이런 사랑이 충만하기를 원합니다.

교회는 또한 세상에 대하여 없어서는 안 될 존재로 인정받는 사역을 해야 합니다. 사람들이 "이 세상에 교회가 있어도 그만, 없어도 그만, 도대체 왜 존재해야 하는지 모르겠다"라고 한다면 이는 누구의 책임입니까? 교회의 책임이요 먼저 믿은 우리의 책임입니다.

도르가와 같이 마음을 주고, 사랑을 주고, 가진 것을 나누어 섬길 때에 누군가는 "세상에서 교회의 필요성을 느끼지 못하겠습니다" 하고 말하지 않고 "교회는 반드시 있어야 합니다" 하고 붙잡게 될 것입니다.

한국 어느 시골 마을에 장애인 시설이 들어갔습니다. 양평군 삼성리에 있는 '은혜의 집'이라는 기독교 장애인 공동체입니다. 중증 장애인, 뇌성마비, 가족들과 함께 정상적인 생활이 힘든 아이들을 모아서 돌봐주는 곳입니다.

그러나 온 동네 사람들이 장애인 공동체가 들어오는 것을 탐탁지 않게 여겼고, 심지어 이장이 도장을 찍어주지 않았으며, 면사무소에서 전입신고도 허락해 주지 않아서 주민이 아닌 주민인 채로 한참을 살아야 했습니다.

그런데 그 장애인 공동체가 동네 주민들을 초청하여 식사도 대접하고, 나이 든 어르신들을 찾아가서 안마도 해드리고, 서로 의지하고 사랑하면서 함께 어울려 살다 보니까 이제는 동네 사람들이 주민등록도 이전해 주지 않았던 과거를 부끄럽게 생각하게 되었습니다. 비록 장애를 지고 있지만 몸이 불편한 아이들, 장애인들이 얼마나 사랑스럽고 고마운지, 이제 그들 없이는 못 살 것 같다고 고백하는 지경이 되었습니다. 서로 함께 어울려 사는 기쁨을 누리며 살고 있습니다.

심지어 그 장애인 공동체가 국가 보조금과 원장의 사비를 모아서 마을발전기금 1,000만 원을 기탁했다는 훈훈한 소식을 들었습니다.

　장애인 공동체가 마을 사람들을 위하여 오히려 나눠주고 섬기고 서로 사랑하자 그 마을이 얼마나 사람 살 만한 행복한 동네가 되었습니까?
　복음의 능력을 나타내는 공동체가 아닐 수 없습니다. 우리도, 교회도 이 시대에 우리가 가진 것을 어떻게 지혜롭게 잘 사용해서 하나님의 사랑을 증거할 수 있을까를 고민하지 않을 수 없습니다. 이는 우리의 기도제목이고, 하나씩 실천해 가고 싶습니다.

　저는 장례식에 참석할 때면 종종 '저기 누워 계시는 고인이 바로 나라면 어떨까?' 하고 생각합니다. 제가 하나님의 부르심을 받아 장례식을 치르게 되었을 때 많은 사람들이 저를 어떻게 기억해 줄 것인지, 어떤 마음으로 천국 환송을 해줄 것인지 궁금합니다.
　이 세상에 꼭 필요한 목사님으로 기억되고, 성도들과 믿지 않는 사람들, 그리고 가족과 사랑하는 사람들이 진심으로 아쉬워하는 인생을 살고 싶습니다. 그렇게 인정받는 인생을 살고, 그런 목회자로서 사명을 다하고 싶은 마음이 장례식에 참석하는 저의 다짐이요 기도입니다.

　욥바의 교회와 성도들은 다비다라는 여제자가 있어서 행복했고, 예수님의 사랑을 직접 느낄 수 있었습니다. 교회가 큰지, 작은지는 중요하지 않습니다. 예수님의 사랑을 직접 느낄 수 있게 해주는 성도들이 있는지, 없는지가 더욱 중요합니다.

하나님은 교회가 세상에서 선교 사업을 얼마나 크게 하는지, 작게 하는지와 같은 외형적인 크기를 따지지 않으십니다. 예수님은 "지극히 작은 자 하나에게 한 것이 곧 내게 한 것이니라"(마 25:40)라고 말씀하셨습니다.

세상 사람들이 "제발 이런 교회는 우리 동네에, 한인 타운에, 미국 땅에 꼭 존재해야만 하는 교회입니다"라고 하며 붙잡고 매달릴 정도의 아름다운 교회, 복음의 능력을 제대로 한번 보여주는 교회가 되도록, 함께 공동체를 든든히 세워갈 수 있기를 축원합니다.

Be filled with God's Wisdom

11. 풍성한 은혜를 누리는 지혜

Wisdom of Abundant Grace from God

"롯이 아브람을 떠난 후에 여호와께서 아브람에게 이르시되 너는 눈을 들어 너 있는 곳에서 북쪽과 남쪽 그리고 동쪽과 서쪽을 바라보라 보이는 땅을 내가 너와 네 자손에게 주리니 영원히 이르리라 내가 네 자손이 땅의 티끌 같게 하리니 사람이 땅의 티끌을 능히 셀 수 있을진대 네 자손도 세리라 너는 일어나 그 땅을 종과 횡으로 두루 다녀 보라 내가 그것을 네게 주리라 이에 아브람이 장막을 옮겨 헤브론에 있는 마므레 상수리 수풀에 이르러 거주하며 거기서 여호와를 위하여 제단을 쌓았더라"(창 13:14-18).

은혜 받는 데에도 지혜가 있어야 합니다. 똑같이 신앙생활을 하고, 똑같이 하나님의 백성인데 어떤 사람들은 더 풍성한 은혜를 누리면서 살아가고, 어떤 사람들은 그만큼 은혜의 풍성함을 누리지 못합니다. 왜일까요?

이 장에서는 본문에 등장하는 믿음의 조상 아브라함으로부터 풍성한 은혜를 누리는 지혜를 배우기 원합니다.

하나님이 베푸시는 은혜를 풍성히 누리는 사람들은 언제 은혜를 받을까요?

첫째, 상한 마음으로 예배할 때 은혜를 받습니다.
아브라함의 이름이 최초로 등장하는 창세기 11장 끝 부분을 보면, 그 가족 공동체를 이끌었던 아브라함의 아버지 데라가 하란에서 죽었다는 말씀이 나옵니다. 그리고 12장으로 넘어가면서 "여호와께서 아브람에게 이르시되"(창 12:1)라는 말씀으로 이어집니다.
가족 공동체의 리더가 세상을 떠나고 이제 가족의 모든 구성원들이 구심점을 잃고 어디로 가야 할지, 어떻게 살아야 할지 막막한 상황 속에서 아브라함이 하나님을 만난 것입니다.

본문 창세기 13장 말씀을 보면, "롯이 아브람을 떠난 후에 여호와께서 아브람에게 이르시되"(창 13:14)라는 부분이 앞의 상황과 비슷합니다. 아버지가 돌아가신 후 허전할 때 하나님이 아브라함을 찾아주시고, 조카가 떠난 후 허전할 때 하나님이 아브라함에게 말씀해 주신 것입니다.
그러므로 마음에 빈자리가 느껴질 때는 '하나님이 그분의 은혜로 채워주시겠구나' 하고 기대하시기 바랍니다.

오늘날에도 신앙생활을 하면서 은혜 받는 사람들의 공통점을 가만히 살펴보면 상한 마음으로 예배하는 사람들임을 알 수 있습니다.

평소와 똑같은 예배, 평소와 똑같은 말씀, 평소와 똑같은 교회인데, 또한 평소에는 큰 은혜를 몰랐는데 마음 상하는 일이 생기면 참 이상하게도 하나님의 은혜가 임합니다.

건강할 때는 은혜를 몰랐는데, 아프고 나니 은혜를 알게 됩니다. 이 경우 오히려 아프게 된 것이 감사한 것입니다. 가정이 평안할 때는 가정에 관한 말씀이 나와 상관이 없다 싶었는데, 말 못할 아픔과 어려움이 가정에 생기자 은혜를 알게 됩니다. 자식들이 공부를 잘할 때는 몰랐는데 힘든 상황에 빠진 것을 보자 더욱 하나님의 은혜를 갈망하게 되고, 체험하게 됩니다.

"하나님께서 구하시는 제사는 상한 심령이라 하나님이여 상하고 통회하는 마음을 주께서 멸시하지 아니하시리이다"(시 51:17).

"여호와는 마음이 상한 자를 가까이하시고 충심으로 통회하는 자를 구원하시는도다"(시 34:18).

하나님은 상하고 아픈 마음 가운데서도 예배하는 자들에게 큰 은혜를 깨닫게 해주십니다. 깨지고 부서지고 아프고 실패한 자의 예배를 하나님은 기쁘게 받으시고, 한량없는 은혜를 내려주십니다.

예배 시간에 유난히 눈물이 많은 분들이 있습니다. 새벽기도 시간에도 항상 간절히 기도하시는 분들이 있습니다. 목회자인 저로서는 다 알 수 없는 사정과 형편이지만, 하나님이 은혜를 주시는 것만은 분명합니다.

그러면 은혜 받기 위해서 일부러 아프고, 문제가 많아야 하고, 실패를 경험해야 할까요? 그럴 필요는 없습니다.
하지만 아픔이 없는 사람이 어디 있습니까? 문제가 없는 사람이 어디 있습니까?

『아프니까 청춘이다』라는 책은 제목 하나로 힐링의 물결을 타고 한국에서 베스트셀러가 되었습니다. 그런데 정작 책을 읽어본 사람들은 "좋은 이야기가 많지만 그때뿐이더라"라고 했습니다.
잠시 위로하는 말, 소망의 말은 충분하지 않습니다. 근본적인 힐링이 어디에서 이루어질 수 있겠습니까? 오직 하나님의 은혜뿐이라고 믿습니다.

조카 롯이 먼저 편하고 쉽고 좋은 땅을 선택해서 떠나버리자 아브라함은 분명 상처를 받았을 것입니다. 대놓고 "나 상처 받았다" 하고 하소연하지는 못했습니다. 그저 아무 말도 하지 않고 있는 아브라함에게 하나님이 먼저 찾아오셨습니다.

그러자 생각이 바뀌었습니다. '하나님이 이렇게 좋은 길로 인도하시는 이유가 어디 있을까? 과연 하나님의 뜻이 무엇일까?' 하고 생각하게 되었습니다.

우리가 누구에게 말하지 않아도 하나님은 먼저 다 아십니다. 좋은 기회를 빼앗기거나 또는 양보하고 난 뒤 허망함을 느끼는 그 순간, 하나님은 우리를 찾아주십니다. 말씀하십니다.

이 세상에는 나보다 더 빠르고, 잇속을 챙기는 사람들이 많이 있습니다. 바로 눈앞에서 좋은 것을 척척 취하는 사람들도 많이 있습니다. 우리는 말도 못하고 속만 아픕니다.

그러나 하나님은 자기 잇속만 챙기는 사람보다 아브라함과 같이 우직하게 베풀고 섬기면서 마음의 상처를 꾹꾹 삼키는 자들에게 "동서남북을 바라보라!" 하고 말씀하심으로 진정한 축복의 길을 열어주시는 아버지 하나님이 되십니다. 이 사실을 믿으시기 바랍니다.

둘째, 섬기는 마음으로 사명을 감당할 때 은혜를 받습니다.

아브라함은 섬기는 마음으로 롯에게 양보했습니다. 그것은 넓은 의미에서 사역입니다. '섬기다' 란 낮은 자, 종과 같은 처지에서 섬기는 것을 말합니다. 반면 '돕다'(에제르)라는 동사는 약한 자가 강한 자를 돕는 것이 아니라, 강한 자가 약한 자를 돕는 것입니다.

그렇습니다. 아브라함은 족장이고, 가족 공동체의 리더였습니다. 그는 아직 인생길에 서툴고, 급한 마음에 욕심만 앞서는 롯에게 돕는 마음으로 좋은 기회를 내준 것입니다.

"네 앞에 온 땅이 있지 아니하냐 나를 떠나가라 네가 좌하면 나는 우하고 네가 우하면 나는 좌하리라"(창 13:9).

그러므로 조카 롯이 좋은 땅을 찾아 먼저 편한 길을 갔다고 불평할 수도 없습니다. 아브라함이 먼저 그렇게 제안을 했기 때문입니다. "네 마음대로 좋은 것을 먼저 선택해라" 하고 양보해 놓고는 가만히 생각해 보니, 그래도 너무한다 싶어도 어쩔 수 없습니다. 섭섭한 마음이 들어도 아무 소용없습니다.

부모가 자식에게 "네가 좋은 것을 먼저 선택해라!" 하고 사랑으로 베풀면 나중에 남는 것이 없습니다. 그래서 절대 유산은 미리 다 주지 마십시오. 특히 어린 자녀들에게 부모가 부자인 것을 절대 알리지 마십시오.

이순신 장군은 "나의 죽음을 적군에게 알리지 말라"고 했고, 요즘 부자들은 "아버지가 부자인 것을 절대 자식에게 알리지 말라"고 한다고 합니다. 자식을 망치는 제일 좋은 길은 원하는 대로 돈을 다 주는 것입니다. 그것은 복이 아니라 화요 독입니다.

조카 롯은 좋은 것을 먼저 택해서 갔습니다. 하지만 축복의 땅으로 보였던 소알 땅은 소돔과 고모라가 있는 곳이었습니다. 그곳에서 롯의 가정은 영혼과 신앙에 큰 상처를 입었습니다.

눈앞의 적은 이익 때문에 사랑하는 사람들의 마음에 상처를 주지 마십시오. 눈앞의 손쉬운 이익 때문에 판단력이 흐려지지 않기를 축원합니다. 하나님의 은혜를 사모하는 지혜가 있어야 합니다.

롯의 가정은 처음에는 편안한 땅을 향해서 이익을 따라 나섰지만 소돔 성이 멸망하자 모든 것을 다 버려두고 빈 몸으로 도망 나올 수밖에 없었습니다.

그런데 거친 산지에, 물도, 초목도 많지 않은 땅에 남아 있었던 아브라함은 얼마나 아름다운 복을 받았습니까? 거친 땅을 개척하기 위하여 수고하고 애쓰는 것이 더 좋은 것입니다.

신앙생활을 쉽게 하려고 하지 말고 힘든 길을 택하십시오. 그래서 새벽에도 기도하시고, 봉사에도 동참하시기를 바랍니다. 쉬운 길보다 힘든 길, 남들이 하지 않으려는 봉사에 헌신하실 수 있기를 바랍니다.

힘든 길에는 반드시 하나님의 위로가 있고 은혜가 있습니다. 그러므로 우리가 하나님의 큰 은혜를 받는 비결은 쉬운 길을 양보하고, 힘든 길을 선택하는 것입니다.

우리 모두 동서남북을 바라보는 영적 눈이 활짝 열리고, 하나님의 계획하심이 삶 가운데 구체적으로 나타나기를 축원합니다.

"너는 네 떡을 물 위에 던져라 여러 날 후에 도로 찾으리라 일곱에게 나 여덟에게 나눠줄지어다 무슨 재앙이 땅에 임할는지 네가 알지 못함이니라"(전 11:1-2).

많은 사람에게 사랑을 베풀고, 대접하고, 먹여놓으면 언젠가는 반드시 좋은 일이 있을 것입니다.

야곱의 아들 요셉은 형들의 시기와 질투에 인신매매를 당했으며, 애굽에 노예로 팔려갔습니다. 그래도 그는 하나님의 은혜로 애굽의 총리까지 되었습니다. 그런 그의 마음에는 하나님의 은혜로 말미암아 상처보다는 은혜가 남았습니다.

형들을 원수로 생각하지 않았고, 형들에게 나쁘게 해서 원통함을 풀어보려는 생각조차 없었습니다. 이런 사람은 복을 받게 되어 있고, 하나님의 은혜를 체험하게 되어 있습니다.

"당신들은 나를 해하려 하였으나 하나님은 그것을 선으로 바꾸사 오늘과 같이 많은 백성의 생명을 구원하게 하시려 하셨나니"(창 50:20).

나중에 아버지 야곱이 죽은 후, 형들이 두려워 떨면서 동생 요셉 앞에 찾아와서 납작 엎드렸습니다. 요셉은 안타까운 마음으로 말했습니다.
"저는 벌써 완전히 당신들을 용서했습니다. 저는 이 모든 일이 하나님의 계획하심 가운데 벌어진 사건이라고 인정하면서 다 극복했는데, 형들은 왜 아직도 이렇게 두려워합니까?"

우리도 이렇게 관용을 베풀고, 나에게 상처와 피해를 준 사람을 다시 품을 수 있어야 합니다. 이를 위해서는 '나는 하나님께 큰 은혜를 받은 사람이다' 라는 인식이 있어야 합니다. 그러면 누구에게든지 은혜를 베풀 수 있습니다. 그것이 바로 사역입니다.

믿음의 사람에게는 모든 것이 다 사역입니다. 예수님의 이름이 없는 가슴마다 선교지이고, 예수님의 이름이 있는 가슴마다 선교사입니다. 예수님의 이름을 가슴에 품은 사람은 하는 일마다 사역이 되어야 합니다.

하나님이 우리에게 왜 이런 사랑을 베풀게 하시는 것일까요? 하나님께 큰 은혜를 먼저 받았기 때문입니다. 누군가 나에게 큰 사랑을 베풀어주었기 때문입니다.

우리는 다 큰 사랑을 받은 사람입니다. 아직도 부족하다고 느끼면 아무것도 양보하지 못하고, 아무것도 베풀지 못합니다.

아브라함은 아직 가나안 땅에 정착하지 못했습니다. 아직 자기 땅이 없고, 집도 없고, 아들도 없었습니다. 하나님의 약속만 받았을 뿐 이루어진 것이 하나도 없었습니다.

그런데도 그는 사역을 했습니다. 하나님의 영광을 나타내는 사역을 했습니다. 조카 롯에게 양보한 것도 사역입니다.

가정도 사역이요, 사업도 사역이요, 친구와의 만남도 사역이요, 아브라함이 롯에게 땅을 양보한 것도 하나님의 이름을 높여드리고 그분께 영광 돌리는 사역입니다. 그래서 아브라함은 칭찬을 받고 하나님의 큰 축복의 약속을 받았습니다.

셋째, 하나님은 겸손한 자에게 더욱 깊고 넓은 은혜의 강물이 흘러가게 하십니다.

겸손과 온유는 서로 통합니다. 힘이 있어도 그것을 힘으로 쓰지 않는 사람이 겸손하고 온유한 사람입니다. 바로 예수님 같은 분입니다. 우리 모두 예수님을 닮아서 겸손하고 온유한 자가 된다면 은혜를 받지 못할 이유가 없습니다.

아브라함은 심지어 조카 롯에게까지 겸손했습니다. 당시 그는 가장이자 족장이었습니다. 가문의 지도자가 우선권을 가지고 좋은 것을 먼저 택하는 것은 당연한 일입니다. 그러나 아브라함은 겸손한 마음으로 양보했습니다.

당시는 아브라함의 목자들과 롯의 목자들이 다투고 난 후였습니다. 삼촌과 조카 사이에 아무런 문제가 없어도 나이를 먹고 각자 자기 살림살이를 하고 있으면 서로 이권 때문에 거리가 멀어질 수 있습니다. 그런데도 아브라함은 평화롭게, 어른답게, 성숙한 믿음의 사람의 모습을 보여주었습니다. 어떻게 그렇게 할 수 있었을까요? 그는 겸손하고 온유한 사람이었기 때문입니다.

예수님은 산상수훈의 팔복 선언에서 "온유한 자는 복이 있나니 그들이 땅을 기업으로 받을 것임이요"(마 5:5)라고 말씀하셨습니다. 저는 할 수만 있으면 더 온유하게 살려고 합니다. 왜냐하면 하나님 나라의 넓은 영토를 주실 것을 믿기 때문입니다.

하나님의 은혜는 물과 같아서 반드시 높은 데서 낮은 데로 흐릅니다.

그러므로 하나님의 은혜를 담는 그릇이 되려면 겸손해야 합니다. 낮아져야 합니다. 하나님의 은혜는 밑으로 겸손하게 내려갈수록 더 많이 흘러들어옵니다. 자꾸 높아지려는 마음, 교만한 마음에는 은혜가 들어가지 못합니다.

> "겸손한 자는 먹고 배부를 것이며 여호와를 찾는 자는 그를 찬송할 것이라 너희 마음은 영원히 살지어다"(시 22:26).

교회법을 보면, 장로, 권사, 안수집사는 한번 직분을 받으면 평생 변함이 없습니다. 단지 일정한 연세가 되면 시무는 은퇴할 수 있습니다. 모두 겸손하고 온유한 제직들이 되시기를 부탁드립니다. 우리가 직분을 받는 이유는 은혜를 받기 위해서입니다. 일은 그다음입니다.

> "젊은 자들아 이와 같이 장로들에게 순종하고 다 서로 겸손으로 허리를 동이라 하나님은 교만한 자를 대적하시되 겸손한 자들에게는 은혜를 주시느니라"(벧전 5:5).

겸손하고 온유해야 은혜를 받을 수 있습니다. 교만하고 강직하여 일만 많이 한다고 좋은 것이 아닙니다.

하나님의 큰 은혜를 먼저 경험하고, 섬기고, 봉사하고, 양보하는 자들에게 동서남북을 바라보게 하시는 하나님의 큰 비전을 품으시기 바랍니다. 그러한 약속대로 살아갈 때 영적 부흥이 임할 줄 믿습니다.

Be filled with God's Wisdom

12. 재물을 관리하는 지혜
Wisdom of Managing Wealth

"너는 네 떡을 물 위에 던져라 여러 날 후에 도로 찾으리라 일곱에게나 여덟에게 나눠줄지어다 무슨 재앙이 땅에 임할는지 네가 알지 못함이니라"(전 11:1-2).

한국 사람들은 새해 인사로, "복 많이 받으세요!"라고 합니다. 미국 사람들은 "Happy New Year"라고 합니다. 번역하면, "행복하세요! 새해에는 행복하시기를 바랍니다"입니다.

미국 사람들에게 행복에 대한 개념은 일찍부터 있었습니다. '행복추구권'이라는 말이 있습니다. 미국 헌법에는 없지만, 버지니아 권리장전과 독립선언문에 명시되어 있고, 헌법에도 그 정신이 반영되어 있다고 봅니다. 인간은 누구나 행복을 추구할 권리가 있습니다.

중국 사람들은 새해 인사를 "꿍시파차이"(恭喜發財)라고 합니다. "돈 많이 버세요"라는 뜻입니다.

중국 사람들이 생각하는 복은 직설적으로 많은 돈을 버는 것입니다. 가장 현실적입니다. 지금 전 세계의 경제를 장악하고 있는 나라다운 인사말입니다.

그리스도인은 어떻게 인사하는 것이 좋을까요? "하나님의 신령한 복을 누리시기 바랍니다" 하고 인사합시다. 하나님의 뜻을 깨닫고, 하나님의 지혜로 충만할 때 우리 모두 참된 복을 받을 줄 믿습니다.

이 장에서는 그리스도인이 재물을 관리하는 지혜에 대해서 살펴보기 원합니다.

신약성경을 읽으면서 우리는 의외로 예수님이 돈에 관한 교훈과 가르침을 상당히 많이 언급하셨다는 사실을 깨닫게 됩니다. 예수님도 돈을 좋아하시는가 싶지만, 사실은 우리 삶에 막강한 영향력을 가진 돈에 대하여 적절한 지혜를 가지고 살아갈 것을 교훈하시는 것입니다.

"너희를 위하여 보물을 땅에 쌓아두지 말라 거기는 좀과 동록이 해하며 도둑이 구멍을 뚫고 도둑질하느니라"(마 6:19).
"네 보물 있는 그곳에는 네 마음도 있느니라"(마 6:21).

예수님은 돈에 얽매이시는 분이 아닙니다. 성전 세금을 내야 할 때

마땅히 돈이 없으셨지만 물고기 입을 벌려서 동전 하나를 꺼내게 하셨습니다. 그 동전으로 베드로와 예수님의 성전 세금을 치르셨습니다.

예수님은 부자들의 친구이십니까, 아니면 가난한 자들의 친구이십니까? 이데올로기적으로 편 가름을 한다면 예수님을 어느 한쪽으로 편향되게 바라볼 수도 있습니다.

하지만 교회는 우파도, 좌파도 아닌 오직 하나님 편이 되어야 합니다. 하나님의 마음이 있는 곳에 우리의 마음도 있어야 합니다. 부자도 사랑하시고 불쌍히 여기시는 주님이시고, 가난한 자도 사랑하시고 불쌍히 여기시는 공평한 주님이심을 우리는 믿습니다.

부자와 거지 나사로 이야기를 생각해 봅시다. 부자는 부자이기 때문에 저주받아 지옥에 간 것이 아닙니다. 거지 나사로의 고통에 대하여 외면한 죄와 그 외에 하나님의 율법적 기준에서 구원받지 못할 이유가 충분해서 지옥에 간 것입니다. 단지 부자라는 이유만으로 구원받지 못했다고 생각하면 아주 잘못된 것입니다.

성경에는 의로운 부자도 나오고, 악한 부자도 나옵니다. 지혜로운 부자도 나오고, 어리석은 부자도 나옵니다. 오늘날에도 구원받는 부자가 있고, 구원받지 못하는 부자가 있습니다.

'어떻게 하면 빨리 부자가 될 수 있을까?'가 아니라 '어떻게 하면 지혜로운 부자, 의로운 부자, 하나님께 칭찬받는 구원받은 부자가 될 수 있을까?'가 중요합니다.

성경에 나오는 의로운 부자는 누가 있을까요? 아브라함, 이삭, 야곱 등 믿음의 조상들은 모두 그들의 일생에 있어 물질적인 풍성함을 누렸습니다. 그들이야말로 의로운 부자, 지혜로운 부자, 구원받은 부자들입니다. 그들의 제일 중요한 공통점은 물질과 재산보다 하나님을 더 중요하게 여겼다는 것입니다.

재물 관리의 지혜를 얻기 원하십니까? 하나님을 물질과 재물보다 더 귀하게 섬기시고, 내 인생의 가장 소중한 분으로 인정하실 수 있기를 축원합니다.

예수님은 분명히 재물과 하나님을 겸하여 섬길 수 없다고 하셨습니다. 돈을 신처럼 섬기든지, 하나님을 하나님으로 섬기든지 둘 중 하나를 선택해야 합니다.

돈은 우리에게 축복을 주지 않습니다. 그러나 우리 하나님은 우리가 물질에 얽매이지 않게 해주십니다. 그뿐만 아니라 아브라함, 이삭, 야곱의 삶을 풍성하게 하신 것처럼 우리에게도 같은 은혜를 허락해 주십니다.

꾸어줄지라도 꾸지 않고, 베풀고 나누어주며, 얻어먹고 살지 않도록 물질의 풍성함까지 넉넉히 주시리라 믿습니다.

아브라함이 물질보다 하나님을 귀하게 여기고, 심지어 자식, 100세에 얻은 아들 이삭보다 하나님을 더 귀하게 여기며 예배했더니 하나님이 그의 삶을 풍성하게 하셨습니다.

이삭도 마찬가지였습니다. 하나님은 그에게 풍성함을 주셨습니다. 물론 아버지에게 물려받은 것도 있었지만, 이삭은 하나님께 은혜를 받은 자로서 갈등과 분쟁을 피하고, 우물을 파서 남을 주었으며, 달라고 하면 싸우지 않고 주었습니다. 인색하지 않고 가나안 땅에서 평화롭게 공존하는 지혜를 발휘했습니다.

이민자들은 미국 땅에서 무한경쟁의 삶을 삽니다. 이때는 잘 싸워서 이기는 것만이 잘하는 것이 아닙니다. 싸우지 않고 이기고, 경쟁자를 누르기보다는 공존하고, 협력하고, 양보하면서 함께 잘 사는 법을 찾아내는 지혜가 있어야 할 것입니다.

세상에서는 경쟁자가 사라지면 모든 이익을 나 혼자 독점할 것 같아 보이지만 사실은 공존의 지혜를 가진 사람이 안정된 부유함도 누리게 되어 있습니다.

"너는 네 떡을 물 위에 던져라"(전 11:1).

이 말씀에는 '주는 사람, 베푸는 사람이 재물의 풍성함을 누리게 된다' 라는 메시지가 분명하게 담겨 있습니다. 예수님은 사도행전에서 "주는 것이 받는 것보다 복이 있다"(행 20:35)라고 하셨습니다.

이삭은 우물을 파서 양보하고 베푸는 자가 되었습니다. 아브라함은 집 앞을 지나가는 나그네를 집 안으로 모셔다가 정성껏 대접했고, 소돔 성이 고난을 당할 때 기꺼이 가서 재난을 당한 자들을 구해 주었으며, 거기서 재물의 이익을 구하지 않았습니다. 오히려 그는 신비한 대제사장 멜기세덱에게 십일조 예물을 드리기까지 했습니다.

이와 같이 성경에 나오는 의로운 부자들의 특징은 물질에 얽매이거나 노예가 되지 않고, 물질에 대한 욕심보다 하나님의 의를 나타내는 삶에 집중하고 주목했다는 것입니다. 그러자 하나님이 자신도 모르는 사이에 물질적인 풍성함도 허락하셨습니다. 그들은 나중에 이 사실을 깨닫고 누렸습니다.

이것이 중요합니다. 믿음의 조상 중에서 야곱을 생각해 보십시오. 그는 움켜쥐고, 긁어모으려고만 하는 욕심쟁이의 대표자로 그려져 있습니다. 형의 축복을 가로챘고, 아버지의 사랑도 빼앗고 싶어 했습니다. 어머니의 사랑을 독차지했을 뿐 아니라 삼촌 라반의 집에서도 수단과 방법을 가리지 않고 오직 자신의 이익만을 추구했습니다. 그런 그에게는 고통이 많았고, 희생도 많았습니다.

야곱의 생애에 평화가 찾아온 것은 얍복강 나루터 이후입니다. 자기가 가진 모든 것을 포기하고 나누어준 이후입니다. 여기서 성경은 우리에게 근본적인 부유함의 원리를 가르쳐주고 있습니다.

"부하려 하는 자들은 시험과 올무와 여러 가지 어리석고 해로운 욕심에 떨어지나니 곧 사람으로 파멸과 멸망에 빠지게 하는 것이라"(딤전 6:9).

성경은 결코 부자들을 모두 부정적으로 판단하고 있지 않습니다. 다만 욕심 많고, 불의하고, 부정한 방법으로 이익을 취하는 일을 경계하고 있을 뿐입니다.

사도 바울은 빌립보 성의 자색 옷감 장사 루디아의 도움으로 선교 사업에 더욱 힘쓸 수 있었습니다. 빌레몬이라는 유력자, 많은 재산과 노예를 가진 성도와 협력하기도 했습니다. 돈에 대한 욕심이 어리석은 것이지, 부자는 모두 죄인이라고 판단하는 것은 잘못된 자세입니다.

하나님의 영광을 위하여 부자가 되시기를 바랍니다. 선교를 후원하는 부자가 되고, 가난한 자들을 살려내는 부자가 되고, 억눌린 자, 고통받는 자들을 마음껏 도와주는 부자가 되기를 소원한다면 온 세상 만물의 주인 되시는 하나님이 우리의 필요를 넘치게 채워주실 것입니다.

우리에게 주신 떡을 물에 던져서 일곱이나 여덟이 아닌 백 사람, 천 사람에게 나누어주고 베풀어주는 거룩한 부자들이 되시기를 축원합니다.

'하나님이 먼저 주시면 그다음에 나도 베풀겠다' 하고 생각하는 것은 옳은 믿음이 아닙니다. 순서가 잘못되었습니다. 하나님은 아무리 가난하고 힘이 없는 사람일지라도 다른 사람을 도울 수 있는 능력을 주셨습니다. 선지자 엘리야는 사렙다 과부의 집에서 마지막 기름, 마지막 가루로 만든 눈물의 떡까지 내어달라고 시험했습니다.

말할 수 없이 가난하고 절실한 상황 속에서 '나는 빈털터리로 굶어 죽겠다' 싶어도 여전히 베풀고 나누십시오. 누군가에게 대접할 마지막 힘이 남아 있을 때 인색함이나 이기적인 마음이 아니라 하나님께 대하여 감사한 마음으로 순종하십시오. 그때 사렙다 과부의 가정에 일어난 기적의 역사가 우리 삶 가운데 일어날 것입니다.

우리 모두 믿음으로 전진합시다. 물질의 우선순위를 바로 세우고, 오직 하나님만 하나님으로 섬기는 믿음의 사람들이 됩시다. 하나님이 우리로 하여금 거룩한 부자의 삶을 살도록 인도하시는 은혜를 누리시기를 바랍니다. 모두 영적인 부자가 되시기를 바랍니다.

Be filled with God's Wisdom

13. 인간관계를 풍성하게 하는 지혜
Wisdom of Rich Relationship

"요나단이 다윗에게 이르되 평안히 가라 우리 두 사람이 여호와의 이름으로 맹세하여 이르기를 여호와께서 영원히 나와 너 사이에 계시고 내 자손과 네 자손 사이에 계시리라 하였느니라 하니 다윗은 일어나 떠나고 요나단은 성읍으로 들어가니라"(삼상 20:42).

인간이 행복하려면 다섯 가지가 필요하다고 합니다. 그것을 한문으로 '건처사우재'(健妻事友財)라고 합니다.

'건'(健)은 건강입니다. 육체가 건강하고 마음이 건강할 때 행복을 누릴 수 있습니다.

'처'(妻)는 배우자, 부부입니다. 요즘은 싱글도 인생을 즐겁고 보람 있게 살 수 있는 문화가 생겨나고 있습니다. 따라서 젊은 사람들이 '반드시 결혼을 해야 하는가?' 하는 의문을 가지는 경우가 많다고 합니다. 그러나 나이가 들수록 부부가 함께 있는 것이 분명히 행복에 도움이 될 것입니다.

'사'(事)는 사업입니다. 사업이나 직장, 혹은 돈을 버는 일이 아니더라도 무엇인가 바쁘게 일할 때 행복한 법입니다. 할 일 없이 놀고 쉬는 것이 오히려 더 괴롭습니다. 경험해 보신 분들은 잘 아실 것입니다.

'우'(友)는 친구입니다. 좋은 친구가 있으면 행복합니다. 대화를 나누고, 맛있는 음식을 먹고, 여행도 가고, 속상하면 속에 있는 이야기까지 다 쏟아내고, 서로 마주 보고 깔깔 웃고, 운동도 같이 하는 친구가 있어야 합니다.

'재'(財)는 재물입니다. 적당한 재물을 잘 사용하면 행복에 도움이 됩니다.

이 중에서 좋은 친구에 대해 나누어봅시다. 성경에 나오는 좋은 친구는 많이 있지만, 대표적인 친구는 다윗과 요나단입니다. 요나단은 사울 왕의 아들인데, 가만히 있으면 사울의 뒤를 이어서 이스라엘의 왕이 될 사람이었습니다.

다윗이라는 존재가 사울 왕에게 위협이 되었다면 당연히 요나단에게도 피해를 주는 존재일 수밖에 없었습니다. 그런데도 요나단의 마음이 다윗과 연결되었다고 성경은 말합니다.

인간관계에서는 무엇보다 마음과 마음의 연결이 중요합니다. 사람과 사람이 오직 어떤 이해관계로만 만나게 될 경우, 이익이 다하면 관계가 멀어질 수밖에 없습니다. 그런데 요나단과 다윗은 어떻습니까? 서로의 이해관계가 아주 첨예하게 상충되는데도 불구하고 놀라운 친구 관계가 끈끈히 연결되는 것을 볼 수 있습니다.

사람은 나이가 들면 친구를 사귀기 힘들다는 말을 합니다. 나이가 들수록 아무래도 현실적이고, 계산적이 되기 때문입니다. 그런데 아이들은 어떻습니까? 공부 잘하고 못하고는 아무 상관없습니다. 부자면 어떻고, 가난하면 어떻습니까? 아이들은 인종차별도 없고, 피부색에 관계없이 서로 잘 어울려서 놉니다. 쉽게 친구가 됩니다.

다윗과 요나단 사이에는 이해관계에 얽매이지 않는 순수함이 있었습니다. 우리도 사람을 대할 때 이해관계를 따지지 않는 순수함이 있으면 좋은 친구들을 더 많이 얻게 되지 않을까요? 저는 아이들에게 이렇게 가르치고 싶습니다. "돈을 잃어도 친구는 잃지 말고, 사업은 망해도 사람에 대해서 망하지는 마라." 그만큼 친구는 중요한 존재입니다.

본문에서 우리에게 가르쳐주는 친구 사이의 아주 중요한 요소는 진실함입니다. 사람과 사람 사이에 믿음이 있고, 그 믿음이 변하지 않는 것은 얼마나 중요합니까? 동양의 가르침 가운데 '붕우유신'(朋友有信)이라는 말이 있습니다. 친구 사이에는 믿음이 있어야 한다는 뜻입니다. 다윗과 요나단 사이에는 목숨을 건 신의가 있었습니다.

사울 왕은 다윗을 미워해 왕의 식탁에 초청한 후 목숨을 빼앗으려는 계획을 가지고 있었습니다. 다윗은 왕이 부를 때마다 나가지 않을 수도 없고, 그렇다고 목숨을 내놓고 항상 사울 왕 앞에 나갈 수도 없는 위험 속에 살고 있었습니다.

점점 사울 왕의 정신 상태는 불안정해졌습니다. 결국 다윗을 향한 미움이 극에 달했고, 사울 왕은 다윗을 향해 칼이든 창이든 휘두를 마음을 먹게 되었습니다.

다윗은 요나단에게 왕의 심기를 살펴달라고 부탁했고, 요나단은 다윗에게 정보를 제공해 주었습니다. 화살을 멀리 쏘면 '도망가라', 화살을 가까이 쏘면 '안전하니 왕의 식탁에 들어와도 좋다'는 뜻이었습니다.

요나단은 자기에게 위험하고, 불리하고, 아버지에게 화를 당할 수 있음에도 불구하고 믿음을 보여주었습니다. 이런 친구를 가진 다윗은 얼마나 행복합니까? 나중에 다윗도 요나단의 유일하게 남은 혈육인 므비보셋에게 평생 변함없는 사랑을 보여주었습니다.

우리는 지금 기독교의 믿음직함, 그리스도인의 믿음직함이 땅에 떨어진 시대를 살아가고 있습니다. 오래전에는 "기독교를 믿고 싶다. 그리스도인이 제일 정직하다. 믿을 만하다" 하고 인정을 받았는데 미국도, 한국도 이제는 "그리스도인은 정직하지 못하다. 사람을 못 믿겠다.

그래서 교회에 가고 싶지 않다"라는 대답이 더 많아졌습니다.

결국 전도의 문을 막은 것이 누구입니까? 예수 믿는 사람들입니다. 게다가 믿지 않는 사람들을 친구로 삼지도 못했습니다. 그러니 어떻게 교회가 부흥할 수 있겠습니까?

믿는 사람에게나 믿지 않는 사람에게나 신의를 지키고, 약속을 지키고, 끝까지 믿어주는 참 좋은 친구가 되십시오. 그러면 친구가 있어서 좋고, 복음의 능력도 나타낼 수 있어서 좋습니다. 믿음의 좋은 친구를 많이 만들어내십시오. 요나단같이 믿을 만한 친구가 되어주시기를 부탁합니다.

한국의 유명한 개성상인 중에 한 분이 이런 말을 했습니다. "장사는 이문을 남기는 것이 아니라 사람을 남기는 것이다." 서로 물건을 주고받는 거래처요 사업상 관계이지만, 적은 이익을 더 보겠다고 속이거나 실망을 주면 당장에는 이익이 되는 것 같지만 결국 사람을 잃어 고객도 잃게 되고, 사업도 점점 힘들어진다는 뜻입니다.

'블랙 컨슈머'(Black consumer)라는 말이 있습니다. 좋은 고객과 나쁜 고객이 있는데, 좋은 고객은 충성된 고객으로, 단골손님이라고 볼 수 있으며, 항상 좋게 생각하는 고객입니다. 하지만 좋은 고객이 손님을 끌고 오는 경우는 적습니다. 반면에 블랙 컨슈머, 즉 불평하고 만족하지 못한 고객이 나쁜 평가를 퍼뜨리는 열심은 당해낼 수가 없다고 합니다. 그러니 개성상인이 얼마나 지혜가 있습니까? 친구를 사귈 때에는 이처럼 지혜가 있어야 합니다.

　사도 바울은 일 중심의 사람이었습니다. 선교는 중요하고, 사명을 이루는 것도 중요합니다. 선교 사명을 이루어가는 것은 장사해서 이문을 남기는 것보다 더 거룩한 목적입니다. 하지만 그가 나중에 깨달은 것은 '선교의 사명을 완성하려면 역시 사람이 중요하구나' 하는 것이었습니다.
　처음에는 선교팀에서 도망갔던 마가를 미워하고, 정죄하고, "다시는 같이 못 간다" 하고 못을 박았습니다. 그 때문에 바나바와 싸우고 헤어지기도 했습니다.
　하지만 나중에 사도 바울은 사람 중심으로 변화되었습니다. 사람이 있어야 사역도 있는 것이지, 사역만 있고 사람을 잃어버리면 아무 소용이 없다는 것을 깨달았습니다. 그래서 마가를 용서하고, "그를 보고 싶다. 그는 내게 유익한 사람이다. 함께 일하고 싶다"라고 하며 변화된 모습을 보여주었습니다.

　뒤늦게 변할 것 없이 지금 당장 사람을 귀하게 여기고, 믿어주고, 함께 일하는 성도들에게 진실한 친구가 되어주십시오. 그때 개성상인의 사업이 신뢰를 주는 관계로 인해 점점 부흥한 것같이 하나님 나라도 부흥할 것입니다. 우리는 믿음을 주고, 믿어주는 사람이 되어야 합니다.

저는 항상 우리 교회 성도들의 좋은 친구 같은 목사가 되고 싶습니다. 믿어주고, 믿음 주는 친구가 되고 싶습니다. 그런데 모든 분들에게 제 목숨까지 내어드릴 용기는 아직도 부족합니다.

그렇지만 정말 좋은 친구 한 분을 소개해 드릴 수는 있습니다. 그분은 하나님의 아들 예수 그리스도이십니다. 그분은 친구를 위하여 목숨을 버리셨습니다. 죄인인 우리를 위하여 생명까지 주셨습니다. 그 예수님이 우리 모두의 좋은 친구가 되심을 언제나 기억하며 그 은혜를 누리시기를 축복합니다.

예수님은 우리에게 사명을 주셨습니다. 그 사명은 주님을 알지 못하는 사람들의 좋은 친구가 되어주라는 것입니다.

적은 이익을 얻기 위해서, 혹은 교회로 몇 사람을 더 인도하기 위해서 친구인 척하는 것이 아니라 진정성 있는 모습으로 친구가 되어줄 때 그들이 자연스럽게 예수 그리스도께로 돌아오는 구원의 역사가 일어날 줄 믿습니다.

좋은 친구가 되어주고, 믿어주고, 손해보고, 믿지 못할 사람이 변화되는 역사가 일어나도록 복음의 능력을 나타내는 우리가 되기를 축원합니다.

Be filled with God's Wisdom

14. 가정을 행복하게 하는 지혜

Wisdom of Keeping Happiness of Family

"여호와를 경외하며 그의 길을 걷는 자마다 복이 있도다 네가 네 손이 수고한 대로 먹을 것이라 네가 복되고 형통하리로다 네 집 안방에 있는 네 아내는 결실한 포도나무 같으며 네 식탁에 둘러앉은 자식들은 어린 감람나무 같으리로다 여호와를 경외하는 자는 이같이 복을 얻으리로다 여호와께서 시온에서 네게 복을 주실지어다 너는 평생에 예루살렘의 번영을 보며 네 자식의 자식을 볼지어다 이스라엘에게 평강이 있을지로다"(시 128:1-6).

저희 가정이 미국에 온 때는 1998년 1월이었습니다. 당시 한인 타운의 작은 교회에서 전도사 사역을 시작했습니다. 교육부의 아동부와 중등부 담당이었는데, 목사님이 목회 훈련을 하려면 한 달에 한 번 정도는 새벽기도회 설교를 해야 한다고 하셨습니다. 무조건 "네" 하고 순종하면서 열심히 하리라 생각했는데, 저를 불러주신 담임목사님이 한 달도 지나지 않아 떠나셨습니다.

담임목사님이 계시지 않은 형편이라 한 달에 한 번 약속된 새벽기도회 설교가 일주일에 한 번이 되고, 두 번이 되고, 어쩔 수 없이 자주 하는 형편이 되었습니다.

　새벽기도회에 나와 자녀들을 위해 기도하시는 성도들을 볼 때마다 한국에 계시는 부모님 생각이 났습니다. 저희를 위해 기도하고 계실 것을 생각하니까 고맙기도 하고, 보고 싶기도 해서 속으로 눈물을 많이 흘렸습니다.
　새벽기도는 참 귀한 것입니다. 우리 자녀들은 다 알고 있습니다. 자기들은 바쁘고, 아침잠도 많고, 할 일이 많아서 기도하러 오지 못하지만 부모님의 새벽기도를 그들은 기억하고 고마워합니다. 부모님의 기도가 헛되지 않을 것을 확실히 믿으시기 바랍니다.
　가정 행복의 첫걸음은 기도입니다. 가족 사랑의 첫걸음도 기도입니다. 모든 믿음의 가정들이 서로 기도하기를 바랍니다. 하나님이 행복을 맛볼 수 있는 기회를 주신 가정의 소중함을 마음껏 누리시기를 축원합니다. 이 장에서는 행복한 가정을 누리는 지혜에 대해 함께 나누려고 합니다.

　사람이 살면서 가장 중요한 공동체가 무엇입니까? 첫째는 가정이고, 둘째는 교회입니다. 교회와 가정 중에서 가정이 더 우선입니다. 하나님이 우리에게 가장 먼저 가정을 주셨고, 그다음에 교회라는 공동체를 주셨기 때문입니다. 우리의 삶에 있어서 가정보다 더 큰 우선순위는 없습니다.

　가정이라는 공동체와 교회라는 공동체의 공통점이 하나 더 있는데, 이는 하나님이 만드신 공동체라는 것입니다.
　학교는 교육을 위해서 사람이 만든 것이고, 회사는 돈 벌기 위해서 사람들이 힘을 모아 만든 것입니다. 이 세상에 존재하는 모든 모임과 단체는 다 사람이 만들었습니다. 하지만 가정은 하나님이 주신 것입니다.
　교회도 마찬가지입니다. '내가 내 마음대로 교회를 선택했다. 내 발로 걸어왔다' 하고 생각할 수도 있습니다. 하지만 우리의 만남은 우연이 아니라고 믿습니다. 사람의 뜻으로 만난 것이 아니라고 믿습니다. 하나님이 우리를 만나게 하신 것입니다. 우리 가운데 있는 하나님의 뜻과 계획을 함께 바라봅시다.
　본문인 시편 128편 1절은 이렇게 말씀합니다.

　　"여호와를 경외하며 그의 길을 걷는 자마다 복이 있도다"(시 128:1).

　행복의 비결은 여호와를 경외하는 것에 달려 있습니다. 하나님의 지혜가 어디에서 옵니까? 솔로몬은 잠언 1장 첫머리에서 "여호와를 경외하는 것이 지식의 근본"이라고 말했습니다.

"여호와를 경외하는 것이 지식의 근본이거늘 미련한 자는 지혜와 훈계를 멸시하느니라"(잠 1:7).

'지식', '지혜', '훈계' 라는 단어가 복합적으로 사용되었지만, 모두 한가지로 통하는 의미가 있습니다. 하나님을 두려워하고, 높이고, 예배하는 자세를 가진 사람에게 하나님은 참된 지혜를 부어주십니다. 하나님을 하나님으로 인정할 줄 모르는 사람의 지식은 헛된 지식에 불과합니다.

행복도 마찬가지입니다. 가정의 행복은 여호와를 경외하는 자에게 주어지는 축복이라고 시편 128편은 거듭 강조하고 있습니다.

"네가 네 손이 수고한 대로 먹을 것이라 네가 복되고 형통하리로다 네 집 안방에 있는 네 아내는 결실한 포도나무 같으며 네 식탁에 둘러 앉은 자식들은 어린 감람나무 같으리로다"(시 128:2-3).

가정의 행복은 어쩌면 참 소박합니다. 결혼해서 가정을 꾸리고, 살림살이를 하나둘씩 장만하고, 아이를 낳고 키웁니다. 힘들기도 하지만 그것이 행복인 것입니다.

2절에서 손으로 수고한 것의 열매가 맺히고, 하는 일이 형통하고, 3절에서 남편과 아내 사이에 자녀가 생기고, 아이들이 자라나고, 그 자녀들이 어린 감람나무같이 예쁘고, 윤기가 흐르고, 야들야들 깨물어주고 싶을 정도로 사랑스러운 것, 이런 행복과 축복은 어디에서부터 나오는 것일까요?

4절을 보면 1절과 같은 말씀이 반복되고 있습니다. 여호와를 경외하는 자는 이 같은 복을 얻습니다.

"여호와를 경외하는 자는 이같이 복을 얻으리로다"(시 128:4).

가정의 행복을 만드는 것은 내 책임이고, 가정의 행복을 깨뜨리는 것도 내 책임입니다. 여호와를 경외하는 믿음과 참된 지혜가 있는 사람이라면 내 가정에 주신 작은 행복도 결코 하찮게 생각하지 말고 감사하게 여기고, 그것을 소중하게 지켜야 합니다.

성경 인물 중에 이삭의 쌍둥이 아들 야곱과 에서가 있습니다. 참으로 안타깝게도 이삭, 리브가, 야곱, 에서 가정은 행복을 쉽게 누리지 못했습니다.

아버지 이삭은 에서를 사랑하고, 어머니 리브가는 야곱을 편애했습니다. 인간인 이상 편애가 없을 수는 없습니다. 하지만 그것이 노골적이고, 공정한 게임이 아닌 서로 속고 속이는 상황까지 이르게 되면 반드시 문제가 발생할 수밖에 없습니다.

형제간의 욕심과 시기와 질투도 마찬가지입니다. 에서는 아버지의 사랑을 받다 보니 사냥하고 고기를 잡아오기에 더욱 열심을 냈고, 형만큼 사냥을 잘할 자신이 없던 야곱은 집 안에서 어머니 치마폭에 안겨 애교와 아양을 떨었을 것입니다. 지나친 욕심에서 나온 행동은 역시 문제를 일으킵니다.

형제간의 '장유유서'(長幼有序)는 매우 중요합니다. 장자의 특권과 동생의 분수를 지켰다면 가정의 평안과 행복이 그렇게 만신창이가 되지는 않았을 것입니다. 동생은 형을 속이고, 형은 장자의 축복을 가볍게 여기는 등 가만히 지켜보면 이 가정의 식구들이 실수한 것이 한두 가지가 아닙니다. 참 지혜가 없어 보입니다.

만약에 아버지 이삭이 형만 사랑하지 않고, 동생에게도 관심을 가지고 배려했다면 어떻게 되었을까요? 동생 야곱이 그토록 맹랑하게 형의 장자권을 속여서 훔치려고 하지 않았을 것입니다.

만약에 어머니 리브가가 두 아들을 공정하게 사랑하고, 불의한 일을 허용하지 않는 단호한 사랑을 보여주었더라면 어떻게 되었을까요? 감히 야곱이 어머니를 등에 업고 온 가족을 상대로 사기 치는 행위를 저지르지 않았을 것입니다.

형 에서는 경솔하게 행동하고, 부모가 품어주지 못하는 일에 억지를 부렸습니다. 이방여인들과 함부로 결혼하여 부모의 관심과 사랑을 끌어보려고 했습니다. 하지만 그것은 치졸한 생각이었습니다. 게다가 동생 야곱은 지나친 욕심을 절제하지 못했습니다. 결과적으로 온 가족이 해체되는 아픔을 겪을 수밖에 없었습니다.

오늘 우리는 가족 해체의 시대를 살고 있습니다. 1인 가정이 급속도로 늘어나고 있습니다. 젊은이도 혼자 살고, 중년도 혼자 살고, 노년도 혼자 삽니다. 하나님이 분명히 가족을 주셨는데 말입니다.

가족이 아무리 속상하게 하고, 말썽 피우고, 힘들게 해도 함께 살고 있다는 것만으로도 고맙고 감사한 일임을 우리는 깨달아야 합니다. 그런데 같이 사는 정도가 아니라 하나님은 우리가 가정에서 행복을 누리기를 원하십니다. 감사와 찬송이 흘러나오는 가정이 되기를 원하십니다.

구약성경의 맨 마지막 말씀은 하나님 나라의 특징에 대해 이렇게 기록하고 있습니다.

"그가 아버지의 마음을 자녀에게로 돌이키게 하고 자녀들의 마음을 그들의 아버지에게로 돌이키게 하리라"(말 4:6).

아버지의 마음이 자녀에게로, 자녀들의 마음이 아버지에게로 돌이키는 것, 가족에게서 떠났던 마음이 다시 가족에게로 향하는 것, 여기에 진정한 인생의 행복이 있는 것입니다.

하나님은 잃어버린 가정의 행복을 회복시켜주시는 아버지이십니다. 이삭의 가정은 위기를 만났고, 가족 해체와 다름없는 길을 갔습니다. 하지만 결국에는 야곱이 집으로 돌아오고, 형에게 용서를 빌면서 화해했습니다.

사람은 제각각 자기 인생길로 달려가는 것 같지만 결국 가족의 품에서 위로받지 않고는 이 세상 그 어디에서도 위로와 평안을 맛볼 수가 없습니다.

> "여호와께서 시온에서 네게 복을 주실지어다 너는 평생에 예루살렘의 번영을 보며 네 자식의 자식을 볼지어다 이스라엘에게 평강이 있을지로다"(시 128:5-6).

저는 이 말씀을 이렇게 이해합니다. '시온'은 하나님을 찬양하는 곳입니다. '예루살렘의 번영'은 정치적 중심지로서 이스라엘 왕국의 번영을 말하는 것이 아니라 성전이 세워져 있는 곳, 즉 신앙의 중심지의 번영을 말하는 것입니다.

장수의 복과 함께 누려야 할 행복, 가정의 행복 못지않게 중요한 것은 곧 내가 속한 신앙 공동체의 번영을 보는 것입니다.

앞에서 분명 가정이 교회보다 앞서는 우선순위라고 말씀드렸습니다. 하지만 이스라엘 백성들은 바벨론 포로로 끌려가서도 신앙 공동체를 통하여 가정을 지켰고, 민족을 보호했습니다. 다니엘은 아침과 저녁에 예루살렘을 향해서 난 창문을 열고 엎드려 기도했습니다.

가정이 중요하다고 해서 믿음까지 포기하고, 희생하는 것은 어리석은 것입니다.

예배하는 가정이 되기를 바랍니다. 또한 교회의 부흥을 위하여 협력하는 가정이 되기를 부탁합니다. 그렇게 하다 보면, 자식의 자식을 보는 평안한 가정에다 장수의 복까지 누리게 되실 줄로 믿습니다.

단순히 오래 살기만 해서는 안 됩니다. 가족이 화목하고, 신앙 공동체가 부흥하는 것을 보면서 장수해야 진정으로 행복한 장수입니다.

아름다운 믿음의 가정의 행복을 누리시기를 축원합니다. 어느 것도 가족보다 중요하지 않습니다. 돈 벌겠다고 세상에서만 겉도는 것은 진정으로 가족을 위한 것이 아닙니다. 그것은 친구도, 취미도 마찬가지입니다.

여호와를 경외함으로 가정의 행복을 지키고, 섬기는 교회의 부흥을 위하여 힘쓸 때 하나님이 그 가정의 아름다움을 보호하시고, 기도에 응답하시는 은혜를 주실 줄 믿습니다. 그러한 은혜를 누리며 살아가는 믿음의 가정들이 다 되기를 축복합니다.

Be filled
with God's
Wisdom

Wisdom of Raising Own Children
15. 자녀를 양육하는 지혜

"네 자녀에게 부지런히 가르치며 집에 앉았을 때에든지 길을 갈 때에든지 누워 있을 때에든지 일어날 때에든지 이 말씀을 강론할 것이며"(신 6:7).

자녀 양육은 하나님이 인간에게 주신 최초의 명령 중 하나입니다. 아담에게 하와를 만들어주신 하나님이 두 사람에게 명령하신 사명이 무엇입니까?

"하나님이 그들에게 복을 주시며 하나님이 그들에게 이르시되 생육하고 번성하여 땅에 충만하라, 땅을 정복하라, 바다의 물고기와 하늘의 새와 땅에 움직이는 모든 생물을 다스리라 하시니라"(창 1:28).

"생육하고 번성하라! 땅에 충만하라!"고 말씀하셨습니다. 하나님이 사람에게 주신 최초의 사명 중 하나는 생육하고 번성하는 것입니다. 자식을 낳기만 한다고, 먹을 것을 주어서 키운다고 부모의 사명이 끝나는 것이 아닙니다. 오직 여호와를 경외하는 지식과 믿음을 가진 존재로 양육할 때 부모의 사명이 완성되는 줄로 믿습니다.

그래서 신명기 6장을 보면, 여호와의 명령, 규례, 법도를 누구에게 주셨습니까? '너와 네 아들과 네 손자들'에게 주셨습니다. 3대가 지켜야 할 의무입니다. 이것이 곧 3대가 하나님께 보호받는 방법이고, 장수하는 비결이고, 조상들이 복을 받고 번영했던 것처럼 후손들까지 번성하게 되는 길이라고 가르쳐주셨습니다.

> "이는 곧 너희의 하나님 여호와께서 너희에게 가르치라고 명하신 명령과 규례와 법도라 너희가 건너가서 차지할 땅에서 행할 것이니 곧 너와 네 아들과 네 손자들이 평생에 네 하나님 여호와를 경외하며 내가 너희에게 명한 그 모든 규례와 명령을 지키게 하기 위한 것이며 또 네 날을 장구하게 하기 위한 것이라 이스라엘아 듣고 삼가 그것을 행하라 그리하면 네가 복을 받고 네 조상들의 하나님 여호와께서 네게 허락하심같이 젖과 꿀이 흐르는 땅에서 네가 크게 번성하리라"(신 6:1-3).

이것은 인간의 본능적인 욕심으로 볼 수도 있지만, 어쩌면 당연한 마음입니다. 나와 내 자식과 후손들이 번영하기를 소원하는 것은 정직하고 성실하며, 남에게 피해를 주지 않고 더불어 살면서 누리는 복일 뿐 나쁜 것이 아닙니다.

게다가 하나님이 아담과 하와 때부터 명령하신 것이고, 그것이 이스라엘 백성에게서 그대로 실현되었습니다. 야곱의 가족이 애굽으로 내려갈 때에는 70명의 가족 공동체에 불과했는데, 모세의 지도 아래 출애굽할 때에는 남자만 60만 명인 엄청난 민족 공동체로 번성했습니다.

하나님은 이렇게 구원을 베푸시고, 이스라엘 민족과 한 사람 한 사람에게 축복하기를 원하시는데, 그것은 가정을 통해서, 그리고 자녀들을 통해서 이루어진다는 사실을 기억해야 합니다.

우리에게 향하신 하나님의 축복의 약속이 여기 있습니다. 우리가 인생을 살면서 가정에서 행복을 누릴 수 없다면 다른 데서 어떤 행복을 누려도 다 소용이 없습니다. 그러므로 가정의 행복을 누리기 위하여 나와 내 자식과 후손들까지 하나님의 율법과 계명을 잘 지켜 행하는 믿음의 가정을 반드시 지키실 수 있기를 축복합니다.

그렇다면 그들에게 무엇을 가르쳐야 할까요? 그 내용은 매우 단순합니다.

"너는 마음을 다하고 뜻을 다하고 힘을 다하여 네 하나님 여호와를 사랑하라"(신 6:5).

내가 배우고, 나의 자녀들에게 반드시 가르쳐야 할 내용은 "네 하나님 여호와를 사랑하라!"는 것입니다. 뒤집어서 생각하면 "너는 하나님께 사랑받는 자녀다"라는 사실을 가르치는 것입니다. 그리고 단지 수동적으로 하나님께 사랑을 받기만 하는 것이 아니라 "하나님께 사랑을 드려라!" 하는 것입니다. 먼저 구원받았고, 먼저 은혜 받았으며, 하나님의 사랑받는 자녀로서 적극적으로 살아가도록 가르치라는 뜻입니다. 그래서 이어서 하나님을 사랑하며 사는 법을 가르치는 방법이 나옵니다.

"오늘 내가 네게 명하는 이 말씀을 너는 마음에 새기고 네 자녀에게 부지런히 가르치며 집에 앉았을 때에든지 길을 갈 때에든지 누워 있을 때에든지 일어날 때에든지 이 말씀을 강론할 것이며 너는 또 그것을 네 손목에 매어 기호를 삼으며 네 미간에 붙여 표로 삼고 또 네 집 문설주와 바깥 문에 기록할지니라 네 하나님 여호와께서 네 조상 아브라함과 이삭과 야곱을 향하여 네게 주리라 맹세하신 땅으로 너를 들어가게 하시고 네가 건축하지 아니한 크고 아름다운 성읍을 얻게 하시며"(신 6:6-10).

여기에서 '마음에 새기고'는 반복학습을 의미합니다. 아주 외우도록, 세뇌하는 수준으로 박아넣으라는 것입니다. 그래서 어려서부터 조기 교육을 해야 합니다.

이스라엘 사람들이 왜 강합니까? 어떻게 전 세계 1,500만 명 정도에 불과한 유대인들이 정치, 경제, 문화, 학문의 분야에서 그렇게 두각을 나타낼까요? 어떻게 그렇게 뛰어난 민족이 되었을까요? 비결은 다른 데 있지 않습니다. 하나님이 부어주신 지혜를 따라서 자녀들을 잘 가르친 것밖에는 없습니다.

이스라엘 사람들은 어려서부터 신명기 6장의 말씀 그대로 모세오경과 탈무드, 지혜서로 무장합니다. 말씀 그대로, 아버지는 교사와 같이 하나님의 말씀을 읽어주고 강론합니다. 써서 붙이고, 구약의 역사와 율법과 교훈이 마음이 새겨질 수 있도록 이성적으로 가르칩니다.

어머니는 감성적으로 신앙을 가르칩니다. 기도해 주고, 품어주고, "너는 하나님의 자녀란다"라고 말해 줍니다. 즉 유대 민족의 독특한 강점의 비결은 가정에서 하나님의 말씀과 신앙을 철저하게 가르치며 양육하는 것임을 알 수 있습니다.

유대인의 자녀교육 방법을 간단히 소개하면 다음과 같습니다.
첫째, 유대인의 자녀교육의 제일 교사는 부모입니다.
둘째, 교육의 내용은 성경(구약성경, 특히 모세오경과 그 해석인 탈무드의 지혜)입니다.

셋째, 교육의 장소는 가정입니다. 가정 안에서도 첫째는 부모의 무릎이고, 둘째는 식탁이고, 셋째는 잠들기 전입니다. 아이들이 제일 좋아하는 곳이 부모의 품이지 않습니까? 자녀들이 부모와 가까이 있을 수 있는 시간이 짧지만, 효과적으로 하나님의 말씀을 가르치는 기회로 사용하는 것입니다.

넷째, 교육의 방법은 이야기도 해주지만 아이가 자랄수록 질문과 대답, 토론, 심지어 어른들 앞에서 발표하고, 주장하고, 논쟁하는 방법을 사용합니다. 예수님은 12세 때 성전에서 학자들과 논쟁을 하셨습니다. 이는 말싸움이 아니라 논리적으로 자기의 주장을 펼치고, 서로 비판적인 대화를 나누는 것으로, 깨달음과 지혜가 칼처럼 선명해지는 것입니다.

유대인의 가정교육의 특징은 또한 다음과 같습니다.

- '남보다 뛰어나게'가 아니라 '남과 다르게'를 중요시한다.
- 듣는 것보다 말하는 것이 더 중요하다.
- 지혜가 뒤지는 사람은 매사에 뒤진다.
- 배움은 벌꿀처럼 달다.
- 싫으면 그만두라. 그러나 하려면 최선을 다하라.

- 아버지의 권위는 자녀들의 정신적 기둥이다.
- 형제간의 두뇌 비교는 둘을 다 해치지만 개성의 비교는 둘을 살린다.
- 외국어는 어릴 때부터 습관화시킨다.
- 우화의 교훈은 어린이 자신이 생각하게 한다.
- 어떤 장난감이라도 교육용 완구가 될 수 있다.
- 잠들기 전에 책을 읽어주거나 이야기를 들려준다.
- 심한 꾸지람을 했더라도 재울 때는 다정하게 한다.
- 어른들이 쓰는 물건과 장소에는 가까이 가지 못하게 한다.
- 평생을 가르치려면 어릴 때 마음껏 놀게 하라.
- 가정교육에서 좋지 못한 것은 서슴없이 거절한다.
- 아버지의 휴일은 자녀 교육에 꼭 필요하다.
- 세대가 다른 여러 사람들과 친밀하게 지내라.
- 친절을 통해 아이를 지혜로운 인간으로 키운다.
- 돈으로 선물을 대신하지 마라.
- 자녀에게 거짓말로 헛된 꿈을 갖게 하지 않는다.
- 자녀를 꾸짖을 때는 기준이 분명해야 한다.
- 어떤 일을 제한된 시간 내에 마치는 습관을 길러준다.
- 몸을 깨끗이 하는 것은 위생상 목적 이상의 중요한 의미가 있다.
- 용돈을 주고 어린이가 직접 관리하게 하여 저축하는 습관을 들인다.
- 노인을 공경하는 마음을 갖게 한다.

구약성경의 지혜가 이스라엘 민족의 부모에게서 자녀에게로, 입에서 입으로 계속 반복, 확대, 재생산되어서 유대인들의 지식과 지혜와 삶을 풍부하게 만들어주었고, 오늘날 그들을 세계의 경제, 문화, 정치를 뒤흔드는 강력한 민족으로 만들어주었습니다.

그러므로 자녀들을 잘 양육하기 위해 가장 우선순위에 두어야 할 것은 하나님을 경외하는 지식으로 훈련시키는 것입니다.

"마땅히 행할 길을 아이에게 가르치라 그리하면 늙어도 그것을 떠나지 아니하리라"(잠 22:6).

자녀들에게 하나님의 말씀을 어려서부터 잘 심어놓으면 잠언 4장 말씀처럼 하나님의 지혜가 우리 자녀들을 보호하고, 높이고, 영화롭게 할 것이 확실합니다.

"지혜를 버리지 말라 그가 너를 보호하리라 그를 사랑하라 그가 너를 지키리라"(잠 4:6).
"그를 높이라 그리하면 그가 너를 높이 들리라 만일 그를 품으면 그가 너를 영화롭게 하리라"(잠 4:8).
"내 아들아 들으라 내 말을 받으라 그리하면 네 생명의 해가 길리라"(잠 4:10).

아버지 야곱의 품 안에서 행복하게 지내던 요셉은 불행하게도 형들에게 팔려서 애굽에 노예로 끌려가 고생을 했습니다. 그러나 하나님을 경외하는 지식과 믿음이 그 안에 있었기 때문에 그는 보호를 받았습니다. 영화롭게 되었습니다. 많은 사람들의 생명을 살리는 거룩한 사명을 감당하는 인생이 되었습니다.

그것은 모두 어려서 배운 하나님을 경외하는 지식과 믿음의 기초 덕분이었습니다. 요셉은 "어떤 유혹과 고난 속에서도 여호와 하나님께 죄를 지을 수 없다"라는 단호한 믿음과 결단으로 자기를 지킬 수 있었습니다. 그러므로 우리가 자식들에게 줄 수 있고, 또 주어야 할 가장 중요한 지식과 유산은 여호와 하나님을 경외하는 믿음입니다.

믿음의 청년 다니엘도 나라가 망해 바벨론의 포로로 끌려가 자칫하면 암울하고 소망이 없는 인생을 살아갈 수 있었습니다.

하지만 그는 어려서부터 배운 여호와 하나님께 대한 믿음, 사랑, 지혜, "너는 무슨 일이 있어도, 어떤 상황 속에서도 너의 하나님 여호와를 마음을 다하고, 힘을 다하고, 뜻을 다하여 사랑하며 섬겨라!"라는 말씀을 붙들었습니다. 그런 다니엘은 느부갓네살 왕궁에서도 왕을 섬기기보다 여호와 하나님을 섬기고, 사랑하며, 기도했습니다.

남유다 왕국이 멸망당해 유대인들은 바벨론에 포로로 끌려가서 70년

세월을 지냈습니다. 만약 그들이 소망이 없는 하층민으로 천대만 받으면서 살았다면 어떻게 되었을까요? 아마도 그들은 흩어지고 소멸되었을 것입니다. 그런데 유대인은 끈질기게 자기 민족의 정체성을 지켰고, 신앙을 지켰으며, 다시 자기 땅에 돌아와 하나님이 약속하신 나라를 회복했습니다. 대단한 인물이고, 민족입니다.

다니엘 1장 마지막 절에는 "다니엘은 고레스 왕 원년까지 있으니라"(단 1:21)라고 기록되어 있습니다. 다니엘은 거의 이스라엘 포로 생활 70년 내내 고위공직자, 막강한 권력자의 곁에서 자기를 지키고, 민족을 지키고, 하나님의 보호하심을 경험한 대단한 인물이 되었습니다.

바벨론의 느부갓네살과 벨사살 왕이 무너지고, 메대 사람 다리오가 왕이 되었을 때에도 다니엘은 여전히 남아 있었고, 그 후에 바사 왕 고레스가 새로운 왕국을 세웠을 때에도 여전히 왕궁에 있어 왕에게 지혜를 말하는 사람이 되었습니다.

얼마나 대단한 인물입니까? 왕국이 세 번 바뀌고, 왕들이 여러 번 새로 나타나도 여전히 보호를 받고, 자기 민족의 의지할 언덕이 되는 인물이 된 것입니다.

우리도 우리의 자녀들이 이렇게 위기 속에서 승승장구하는 인생을 살아갈 수 있도록 하나님의 말씀으로 잘 가르치고 양육하는 믿음의 부모들이 되실 수 있기를 축복합니다.

자녀를 잘 양육시키고 싶은 우리는 유대인들의 생존전략에서 배워야 할 점이 많습니다. 성전을 잃어버린 유대인들은 건물이 중요한 것이 아니라 예배 그 자체, 무형적인 예배의 본질을 사수했습니다. 그것은 곧 말씀과 기도입니다.

성전을 잃어버린 포로 생활 중에 생겨난 것이 회당(synagogue)입니다. 회당은 율법을 가르치고, 배우고, 공동체로 모이는 곳입니다. 그래서 유대인 열 가정만 있으면 회당 하나를 세웠고, 그 공동체를 통해 자녀들에게, 2세들에게 율법을 가르쳤습니다.

멸망했던 이스라엘 나라가 회복될 때의 지도자로 에스라와 느헤미야가 있습니다. 느헤미야는 정치적 지도자로서 예루살렘 성벽 재건에 탁월한 리더십을 보여주었고, 동시대에 활약한 에스라는 학사 겸 제사장이었습니다.

에스라가 유대 땅에 돌아와서 성경을 가르치고, 읽고, 설명해 주니까 온 이스라엘 민족이 하나님의 말씀 앞에서 통회 자복하면서 새롭게 살아나고 회복되었습니다. 이것이 바로 신앙 교육의 힘입니다.

우리 자녀들도 이와 같이 하나님의 말씀을 힘입어 이 땅 위에서 힘 있는 자녀들, 힘 있는 민족이 되기를 바랍니다. 이를 위해 가정과 교회에서 가르치는 사명을 잘 감당하시기를 부탁합니다.

Be filled with God's Wisdom

에필로그

19일 동안의 신년 특별새벽기도회 기간이 지나갔습니다. 보통 연말이면 마음이 분주하고, 모임도 많아 더욱 시간이 빠르게 지나간다고 느끼는데, 올해는 유난히 새해의 19일 동안도 빠르게 지나갔습니다. 매일같이 새벽 제단의 말씀을 준비하고, 하루 종일 묵상과 고민 속에서 씨름하면서 하루 또 하루를 지내다 보니 정말 화살과 같이 지나갔습니다.

그래도 감사 또 감사뿐입니다. 19일 동안의 기도의 여정, 하나님의 지혜를 추구하는 길을 함께 걸어주신 모든 성도들께 감사드립니다. 또한 매일 새벽기도회를 위해 준비해 주신 분들, 주차장 안내, 로비 안내, 찬양팀, 재정부의 수고에 감사드립니다. 무엇보다 매일 새벽기도회 이후 아침식사를 위하여 자원봉사로 수고해 주신 손길들에 감사드립니다. 떡을 물 위에 띄워 흘려보내며 일고여덟 사람에게 나누는 심정으로 베푸신 손길들이 보람 있게 열매를 맺는 한 해가 될 줄로 믿습니다.

특별새벽기도회 동안 함께 말씀을 전해 주신 박형택 목사님(갈보리믿음교회), 손병렬 목사님(남가주동신교회), 김한요 목사님(세리토스장로교회), 그리고 박승규 목사님(동부사랑의교회)께도 감사의 인사를 드리고 싶습니다. 말씀을 전하기만 하는 것이 아니라 저도 네 분 목사님의 메시지를 통하여 하나님께 큰 은혜를 받았습니다.

이제 분명히 하나님의 지혜로 새롭게 재충전된 느낌입니다. 그리고 더욱더 감사드리는 것은 특별새벽기도회가 끝난 후에도 갈보리믿음교회의 새벽기도의 열기가 더욱 활활 타오르고 있다는 것입니다. 장로님들이 새벽기도회의 열기를 계속 타오르게 하자고 결단하시는 믿음을 보여주셨습니다. 권사님들도 서로 자원하여 매일 아침식사를 제공하겠다고 헌신해 주셨습니다. 정말 가슴이 뜨거워짐을 느낍니다.

그래서 우리는 새롭게 '믿음의 새벽기도회'를 출발합니다. 오직 믿음으로 하나님의 약속을 믿고 전진하는 갈보리믿음교회의 새벽기도회가 눈물로 씨를 뿌린 자리에서 반드시 기쁨으로 단을 거두는 역사를 일으키리라고 믿습니다.

마지막으로, 믿음의 새벽기도회에 변함없이 동참하시는 성도들의 귀한 믿음 위에 저도 제 자신을 쏟아부어 드리기 원합니다.

> "모든 지각에 뛰어나신 하나님의 평강이
> 예수 안에서 너의 마음과 너의 생각을 지키리
> 아무것도 너는 염려치 말고 오직 기도와 간구로
> 하나님께 너의 구할 것을 감사함으로 아뢰라!"

사명선언문

너희가 흠이 없고 순전하여……세상에서 그들 가운데 빛들로
나타내며 생명의 말씀을 밝혀 _ 빌 2:15-16

1. 생명을 담겠습니다
만드는 책에 주님 주신 생명을 담겠습니다.
그 책으로 복음을 선포하겠습니다.

2. 말씀을 밝히겠습니다
생명의 근본은 말씀입니다.
말씀을 밝혀 성도와 교회의 성장을 돕겠습니다.

3. 빛이 되겠습니다
시대와 영혼의 어두움을 밝혀 주님 앞으로 이끄는
빛이 되는 책을 만들겠습니다.

4. 순전히 행하겠습니다
책을 만들고 전하는 일과 경영하는 일에 부끄러움이 없는
정직함으로 행하겠습니다.

5. 끝까지 전파하겠습니다
모든 사람에게, 땅 끝까지, 주님 오시는 그날까지
복음을 전하는 사명을 다하겠습니다.

서점 안내

광화문점 종로구 신문로1가 58-1 구세군 회관 2층(110-061)
Tel 02)737-2288 | Fax 02)737-4623

강 남 점 서초구 잠원동 75-19 반포쇼핑타운 3동 2층 전관(137-909)
Tel 02) 595-1211 | Fax 02) 595-3549

구 로 점 구로구 구로 3동 1123-1 3층(152-880)
Tel 02) 858-8744 | Fax 02) 838-0653

노 원 점 노원구 상계동 749-4 삼봉빌딩 지하1층(139-200)
Tel 02) 938-7979 | Fax 02) 3391-6169

분 당 점 경기도 성남시 분당구 서현동 273-1 대현빌딩 3층(463-824)
Tel 031) 707-5566 | Fax 031) 707-4999

신 촌 점 마포구 노고산동 107-1 동인빌딩 8층(121-806)
Tel 02) 702-1411 | Fax 02) 702-1131

일 산 점 경기도 고양시 일산구 주엽동 83번지 레이크타운 지하 1층(411-370)
Tel 031) 916-8787 | Fax 031) 916-8788

의정부점 경기도 의정부시 금오동 470-4 성산타워 3층(484-010)
Tel 031) 845-0600 | Fax 031) 852-6930

인터넷서점 www.lifebook.co.kr